アムンセンとスコット

本多勝一

朝日文庫

本書は、一九九九年四月に朝日新聞社より刊行された『本多勝一集　第28巻
アムンセンとスコット』の前編「アムンセンとスコット」を文庫化したものです。

アムンセンとスコット●目次

図版・吉沢スタジオ

■凡例

一、数字の表記は四桁法（日本式）とし、三桁法（西欧式）を排します。たとえば――

× 五〇三、九八七、一四六円　× 五億〇、三九八万七、一四六円
○ 5億0398万7146円　○ 五、〇三九八、七一四六円
× 503,987,146円　× 5億0,398万7,146円
○ 五億〇三九八万七一四六円　○ 5,0398,7146円

（理由は「本多勝一集12『アメリカ合州国』」収録の「数字表記に関する植民地的愚挙」参照。）

二、人名はすべてその人物の属する国の表記法の順序そのままで使います。たとえばイギリス人やフランス人は「名・氏」の順ですが、日本人や中国人やベトナム人は、たとえフランス語やイギリス語の文中であっても「氏・名」の順です。現に中国も韓国もカンボジアもこれを実行しています。（理由は「本多勝一集17『殺される側の論理』」収録の『氏名』と『名氏』」参照。）

三、The United States of America は「アメリカ合州国」と訳し、「合衆国」とは書きません。（ただし、「合衆国」が誤りだと主張するわけではありません。理由は「本多勝一集12『アメリカ合州国』」収録の「あとがき」参照。）

四、ローマ字は日本式（いわゆる訓令式）とし、ヘボン式を排します。（理由は「本多勝一集21『愛国者と売国者』」収録の「ローマ字は日本式（訓令式）でなければならない」参照。）たとえば――

shi→si, shô→syô, chi→ti, tsu→tu

五、外国語のわかち書き部分をカナ書きにする記号は、ナカテン（・）を排し、二重ハイフン（＝）とします。（理由は「本多勝一集19『日本語の作文技術』」第四章で述べた使用法とわかち書きとの混用を避けるため。）たとえば――

×　ホー・チ・ミン、ジョン・F・ケネディ、毛沢東の三人が生きていたころ……

○　ホー＝チ＝ミン・ジョン＝F＝ケネディ・毛沢東の三人が生きていたころ……

六、数字表記は原則として左のようにします。

○　三七〇六メートル五七センチ　○　一〇人余

×　三千七百六メートル五十七センチ　×　十人余

しかし左のようなときは数字よりも言葉とみて例外とします。

六、七百人　二十三、四人　十余人　十数人　数十人

七、BとVをカナで区別する字として、ワ行で次のように一字で表記し、ヴァヴィ…は使いません。（ただし「ベトナム〈ヹトナム〉」などのように慣例化したものを除く。）

BA BI BU BE BO→バビブベボ　VA VI VU VE VO→ヷヸヴヹヺ　WI WE→ヰヱ

本書を、故 加納一郎氏に捧げる

アムンセンとスコット

地球はじまって以来、人類が全く足をふみいれたことのない地域。それは海底とかヒマラヤ八〇〇〇メートルの山頂とかいった空気がないか薄い特殊な例を除けば、地表の広い空間としては北極と南極があるだけになっていた。ジャングルもサバクも、かなり古くから人類の居住を許し、少なくとも足跡はしるされてきたが、極地のきびしい自然はそれを許さなかった。しかしそれさえも一九世紀の捕鯨船や探検家たちによって周辺からせばめられてゆき、二〇世紀初頭には極点一帯を残すのみとなった。

それが、一九一〇年（明治四三）の前後三年ほどの間に、北極点も南極点もついに〝陥落〟したのである。しかも、両極点とも探検家による熾烈な競争目標となった。北極点は「到達証明」をめぐって両者が周辺を巻きこんでの激烈な争いとなり、他の事件もからんで一方が投獄されるに到った。そして南極点は、敗れた側が帰途に全員遭難死する。

本書は、この南極点の場合について「勝った側」と「敗れた側」を同時進行的に叙述しつつ、なぜそうなったかについて大筋を紹介する物語である。

はじめに

いまから七十数年前*といえば、長寿者たちの中には当時のことをおぼえている人もいるにちがいない。一九一二年(明治四五)三月一一日の『朝日新聞』は、ローアル＝アムンセンというノルヱーの大探検家が、南極点に人類として初めて到達した第一報を次のように伝えている。

九日紐育(ニューヨーク)特派員発
当地タイムスはアムンドセン氏の紀行掲載の全権利を買収しタスマニヤ八日午前発電報にて其探検談を九日の紙上に掲げたり、右に拠ればアムンドセンは昨年十二月八日を以てシヤツクルトンの行きたる八十八度二十五分の地に達し同十三日には九十三**度四十五分に到り十四日午後三時愈(いよいよ)極地に達したり当時の気温は零下九度四なりしが途中零下七十六度に下りしことあり氷の障碍(しやうがい)多く行くこと五十五日間にして犬三十四頭を失ひたり極地に達せしはア氏外四人と犬十八頭なりア氏は今回の探検に依りてサウスヴイクトリヤランドとエドワード七世ランドとは連絡せるらしく南東方に連峰起伏して極地に達するが如きを八十八度迄見届けたり又同山脈中には八百五十基（キロ）の高山あることを発見し同山脈をクインマンズ、レーンヂと名付けたり十七日南極を発して帰途に就き本年一月九日ウエールスランドに達し三十日同処に留まりしが同十六日白瀬探検隊は同地に着して氏等の天幕附近に上陸したりとあり尚同紙はスコットの事に就て直接同氏に電照せるに何等知る所なしとの返電ありたり

ところが、そのわずか二〇日ほど後の三月二九日、ロバート＝ファルコン＝スコットのひきいるイギリスの探検隊が、南極点到達のあと全員遭難死していた。しかしこの大ニュースが世界につたわるのは、あくる年に船がニュージーランドまで帰りついてからである。一九一三年（大正二）二月一二日の『朝日新聞』は、次のような第一報をのせた。

英国スコット大佐の探検船テラノヴア号は南極を去りオアマルー（新西蘭（ニュージーランド））に到着せりセントラル、ニユースの報ずる所に依ればスコット大佐の一隊は千九百十

ロバート＝F＝スコット隊長

ローアル＝アムンセン隊長

二年一月十八日南極に達せし後大吹雪に
逢ひ全滅せり（十一日路透電報）

ノルヱーのアムンセン隊とイギリスのスコット隊。この二つの探検隊は、同じときに人類未踏の最後の極地・南極点到達をあらそい、一方は大成功の歓喜とともに帰還したのにたいし、他方は敗れた上に帰りみちで全員死亡する悲劇に終わったのである。これを競争あるいは競走とみるならば、かつて人類史上これほどきびしい舞台で、これほど国の威信をかけ、またこれほど長い時間をかけて行なわれた劇的大レースがあっただろうか。二〇年ほど前に演じられたアメリカ合州国とソ連による月への着陸競争にしても、国の威信はかかっていたにせよ、宇宙船内の飛行士にあまり主体性はなく、レースの主人公はむしろ地上の科学者たちであった。

この本で紹介するのは、世界の注視の中でこうして展開された史上最大の冒険レース、アムンセンとスコットをそれぞれ隊長とする二つの探検隊の物語である。

かの伝記作家・シュテファン＝ツヴァイクは、スコットを描いた『南極探検の闘い』の冒頭で、地球上の未知の世界が二〇世紀初頭までに次々と秘密のヴェールを明けわたしてしまったことを論じたあと、最後に残された極点について次のように書いている（片山敏彦訳・みすず書房版から）。


しかし一つの最後の謎を、地球のはにかみが、なおも今世紀の初めまで人間の眼に隠していた。解剖され、いじめつけられた地球の肉体の、きわめて小さな二つの個所が、地球自身の作り出した人間どもの飽くなき好奇の慾からまぬがれていた。南極と北極、地球の肉体の脊椎、ほとんど実体のない、意味のないこれらの二点、そこのところで、地球の軸が、大いに遠い昔から廻っているこれらの二点を、地球は純粋に保って汚さなかった。地球はこの最後の秘所を氷の延棒で守り、はてしもない冬を番人にして、飽くなき慾望を持つ人間たちに対峙させてきた。凍結と嵐とが厳然と通路を固めて、戦慄と危険とが、向う見ずの人々を、死のおびやかしによって後じさりさせた。太陽さえもただ束の間だけ、とざされているこの地域をかいま見るだけであり、決して人間の眼には見られなかった。(中略)
しかし、若い第二十世紀はせっかちな憧れをもって両手を差し伸べる。この世紀は実験室の中で新しいいろいろの武器を鍛え出し、危険に抵抗する新しい身づくろいをあれこれと考案し、そして出くわすすべての抵抗がますますこの世紀の熱望を大きくするばかりである。この世紀はあらゆる真理を知ろうとのぞみ、それに先だっていた数千年が到達し得なかったものを、早くも世紀の最初の十年で獲得しようとのぞんだ。個人の勇気に諸国家の競争心がつけ加わった。諸国家は極地への到達を競うばかりでなく、この新地域に自国の国旗をまっ先に立てようと競争した。諸民族と諸国民との十字軍的遠征が、憧れを通じて聖化されているこの地域に向ってなされた。地球のあらゆるところから突進がくり返された。早くも人類は待ちどおしい気もちに駆られた。この地域こそ地球上にまだ残っている最後の秘密であると、人類が意識したからである。アメリカではピアリーとクックとが北極探検の準備*をしていたときに、ヨーロッパでは二艘の船が南極に向けて出発した。その一艘の統率者はノルウェー人のアムンゼン、もう一方の統率者は英国人のスコット大佐であった。

〈I〉宿命の対決

スコットの出航

エドワード七世が死んで悲しみにしずむロンドンの波止場を、スコット隊のテラノバ号が出航したのは一九一〇年（明治四三）六月一日であった。＊スコットにとっては二度目の南極探検である。数年前（一九〇一～四年）の最初の探検における成果で、四二歳のスコットはすでにイギリスでの著名人となり、結婚して幼い息子もいた。そして今度こそは、人類として最初の南極点到達をめざしたのである。

この探検隊にたいして、イギリスは王立地理学協会をはじめ、政府も民衆も大きな期待をよせていた。いわば国民的声援のもとにテラノバ号は南極大陸をめざしたのである。

南下するテラノバ号の甲板

テントやソリはもちろん寝袋にいたるまで、寄贈してくれた学校の校名をつけているほど広く一般からの支持をうけていた。スコット隊長以下三一人の隊員（ほかに海上隊三十余人）のうち一〇人は科学隊員で、イギリス隊は科学的調査にも大きな比重をおいている。

オスロのアムンセン

アムンセンは、それまでに北極海の北西航路を初めて航海することに成功しており、世界的探検家としてすでに名高くなっていた。次の目標は北極点初到達だった。その方法は、かつてナンセンがくわだてたように、北氷洋の海流にのって流氷とともに船で極点に向かおうというものである。

ナンセンが北極海横断に使ったフラム号

ナンセンもノルヱーの大探検家だから、アムンセンはこの先輩が北極海で使った探検船「フラム号」を借りることにした。* 中古船だが、氷にはさまれてもつぶれないような特殊な構造につくられている。

ところが、こうして北極ゆきの準備をすすめていたアムンセンのところへ、アメリカのピアリー隊による北極点初到達成功のニュースがはいる。到達は一九〇九年（明治四二）四月なのだが、飛行機や無線がまだあまり発達していないころだから、この大ニュースが世界に伝わったのは五カ月後の九月だった。日本でも九月八日の『朝日新聞』がこのニュースを伝えている。スコットが南極めざしてロンドンを出港する九カ月前のことである。

オスロでこのニュースを知ったアムンセンは、北極点初到達の目標が失われたことで大きな打撃を受ける。そこでひそかに目標を南極に変更する決意をするが、このことは秘密にしていた。

偏西風帯を東進するフラム号

アムンセンの挑戦

北極から南極へ計画を変えたことを、アムンセンはなぜ秘密にしたのだろうか。第一に、北極のためとして集めた資金の手前、勝手に目的をかえると支援者たちに混乱が起きるおそれがあった。第二に、イギリス隊が国をあげての大規模な計画としてすすめていることもあって、もし同じ南極へ挑戦することが出発前に公表されると、国の内外に大きな論議がおこり、悪くするとそのために計画がつぶれかねないほどの情況だった。

こうしてアムンセンは、世間にたいしては「ピアリーが初到達したあとでも科学的調査などで価値がある」として、そのまま北極計画をよそおって準備をすすめた。そしてスコット隊の探検船テラノバ号が南極へ出発してから二カ月後の一九一〇年（明治四三）八月、アムンセンの探検船フラム号は何くわぬ顔で「北極」めざして出港したのである。探検隊員はアムンセン以下九人、フラム号乗組員は一〇人、計一九人であった。

しかし、フラム号の船首は北ではなく、南を向いていた。これは太平洋に出てベーリング海峡から北極海にはいることにしてあったため、南米南端のホーン岬をまわると説明されていて、それほど不審に思われることもなかったのである。

フラム号がモロッコの西にあるマディラ島へ寄港したとき、アムンセンは初めて隊員たちに南極ゆきの真相を発表した。隊員たちは情熱をこめてこの案を支持し、船内はそれまで以上に熱気と明るさであふれた。

同時にアムンセンは、オーストラリアへ寄る予定のイギリス隊へも電報を打った。一〇月一二日にメルボルンへ入港したスコット隊長は、アムンセンの電文を手にする。

「われ南極へ向かわんとす。マディラにて、アムンセン」

テラノバ号の乗組員たち

スコットの驚き

アムンセンの電報を見たスコットは大きなショックを受けた。このときアムンセンはスコットより四つ若い三八歳だが、*スコットよりも早い時期（一八九七〜九九年）に南極地域を探検しているばかりか、北西航路ですでに偉大な実績をもっている。そんな人物が正面から挑戦してきたのである。この電報は、だからスコット隊には「われ、なんじに先立って南極点にいたるべし」と予告しているかのように思われた。

このショックは、のちに南極のロス海でアムンセンのフラム号と実際に会ったとき一層はげしいものとなる。スコット隊のある隊員はアムンセン隊について「まことに恐るべき競争相手」「世界中の人々がこのレースに注目しよう」と日記に書いた。同時にスコット隊は、アムンセンに対してかんかんに怒った。南極点への進撃は、これまで世界で最も熱心にこの地域を探検してきたイギリスにこそ実行する権利があると思いこんでいたからである。そこへ突然なぐりこみをかけられたように思い、「アムンセンとその一党のところへのりこんで、いいようもないこの腹立たしさをたたきつけてやりたい激情にかられた」と、別の隊員は書きのこしている。

こうして二つの探検隊は、南極点一番のりをめざして対決の火ぶたを切ることになった。

〈II〉極地とは

北極と南極

改めて地球儀を見よう。すこし傾いた球の、上の方の中心に北のはて「北極」、反対に下の方の中心、つまり底にあたるところに南のはて「南極」がある。この北極と南極をむすぶ心棒にあたるのが地球の回転軸、つまり「地軸」である。これはコマの心棒のようなもので、地球はこれを中心に一日一回の速さで回転している。これが地球の「自転」だ。

地球は自転しながら、さらに太陽のまわりを一年に一回の速さで大きくまわる。これが地球の「公転」である。公転するとき、太陽にたいして地球は地軸が少し傾いている

真夜中に輝く太陽（南極圏）

ために、北極では夏のあいだ夜でも太陽が沈まないで二四時間かがやいているし、冬は反対に昼でも太陽を見ることができない。南極は北極とちょうど反対になり、北極で夜でも太陽が出ている夏のあいだ、南極では昼夜とも太陽がみられない。

このように、北極と南極という二つの極地は、一年が「太陽の沈まぬ季節」と「太陽の出ない季節」からなり、その中間の季節だけ暗い夜と明るい昼があるのだが、たとえ太陽の沈まぬ季節でも、太陽の光がななめから射すために、地表が太陽熱であまりあたたまらない。太陽の出ない季節はむろん冷える一方となる。

そんなところだから、二つの極地は世界でいちばん寒く、低いときは零下五〇度から六〇度、とくに標高の高い南極では零下八〇度以下といったひどい寒さの記録もある。
二つの極地の大きな違いは、北極が「北極海」という海であるのに対して、南極は「南極大陸」という陸地であることだ。そして北極海には、氷河時代以来の大きな氷島がいくつもただよい、南極大陸では高いところで四〇〇〇メートル、平均でも二〇〇〇〜二五〇〇メートルにもおよぶ厚い氷が陸地をおおっている。

こんなきびしい自然のおかげで、人類は最近まで極地に近づくことができなかった。いまでこそ南極大陸には日本の昭和基地もあるし、ヨーロッパへゆく旅行者は北極点の上空をとびこえるが、わずか八〇年たらず前までは、北極点も南極点も、世界に誰ひとり行ったものがなかったのである。

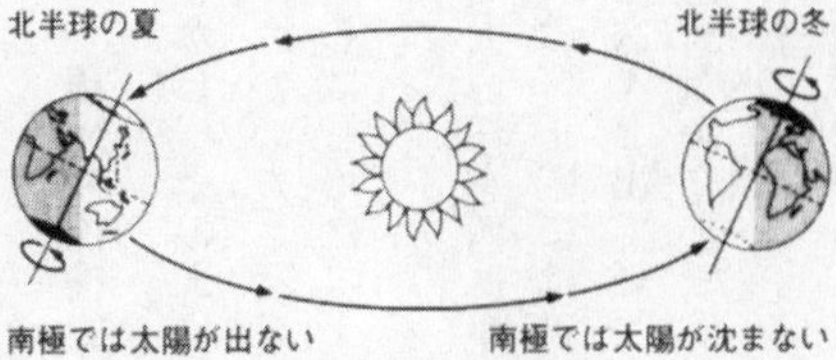

極地の季節

極地の探検史

　しかし、そのような未知の世界にこそとびこんで探検しようと、情熱をもやしている人たちがいた。そのほとんどは、近世になって世界じゅうに貿易や侵略のために船団を派遣しはじめたヨーロッパ諸国の探検家たちである。

　コロンブスがアメリカ大陸に偶然ぶつかったのは、東洋の富をねらって近道をさぐろうと大西洋を西へすすんだ結果である。コロンブスが一四九二年（明応一）にぶつかったのは、正確にはアメリカ大陸そのものではなく、近くの西インド諸島だったが、その後も次々と出ていった探検隊によって、この大陸は南北に延々とつながり、北氷洋から南極圏*ちかくまで横たわっていることがわかった。これは東洋に行くためには大変なじゃまものである。

　ついでながら、コロンブスがぶつかったアメリカには先住民族がいた。コロンブスはここをインドと思いこんだため、この人々はいま俗に「インディアン」（インド人）とよばれているが、もちろん実際にはインド人ではない。正確にはこれこそ本当のアメリカ人であり、「アメリカ先住民」とでもよぶべき人々である。そこにはマヤとかインカ

氷河の末端がくずれて氷山が誕生するところ

南極の氷山はこのようにテーブル状の平たい形が特徴だ

アデリーペンギンと氷山（南極ロス海のロイズ岬で）

など独自の高い文化があった。したがってコロンブスはアメリカを「発見」したわけではなく、偶然に「ぶつかった」だけであり、本当の発見者は太古にアジアから渡っていったと考えられるこの先住民族であろう。

さて、インドなど東洋にゆく近道をさがすためには、このアメリカ大陸をまわってみなければならない。コロンブスがアメリカ大陸（の付属諸島）にぶつかってから二八年後の一五二〇年（永正一七）、かのマゼラン（マガリャンイス）が南米南端のマゼラン海峡を、記録にのこるヨーロッパ人としては初めて通過する。ここにも先住民はいたから、かれらがたき火をしているのが

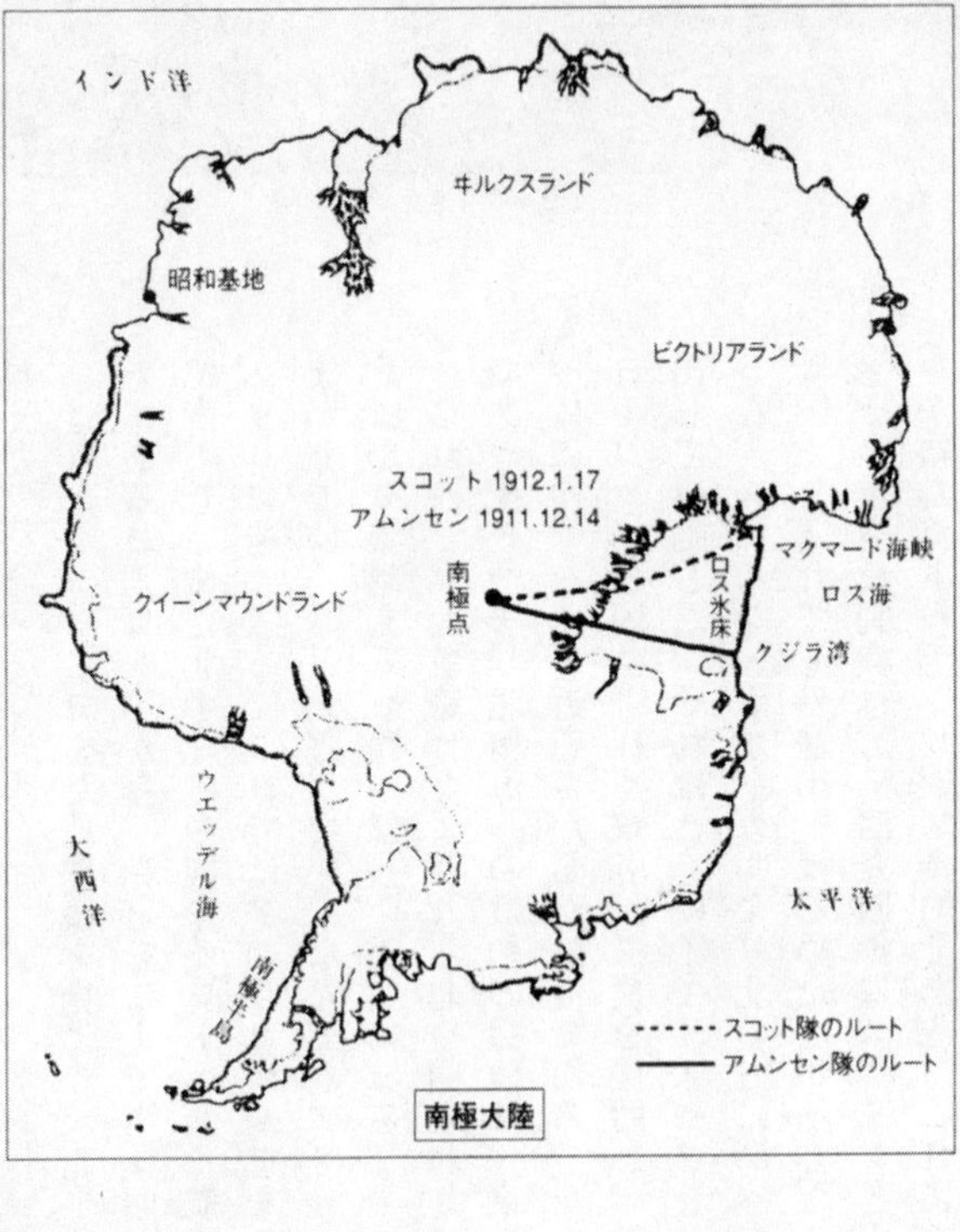
インド洋
キルクスランド
昭和基地
ビクトリアランド
スコット 1912.1.17
アムンセン 1911.12.14
南極点
ロス氷床
マクマード海峡
ロス海
クジラ湾
クイーンマウンドランド
ウエッデル海
大西洋
太平洋
南極半島
スコット隊のルート
アムンセン隊のルート
南極大陸

見えた。

けれども、ここでまた地球儀を見よう。北半球の北の方にあるヨーロッパから、赤道をこえて南極圏ちかくまで南下し、また北半球の中国やインドへゆく航路など、あまりに遠すぎる。これではアフリカ南端をまわって東まわりでゆくのと大差がない。なんとかアメリカ大陸を北まわりで越える航路がほしいことになる。

これが「北西航路」とよばれる北極圏まわりのコースであった。つまり北極海への最初の探検は、東洋へ金もうけにゆくための近道さがしが動機である。そのためにヨーロッパ各国は王様や政府が探検を援助し、賞金まで出して奨励した。それはとくにイギリスやフランスのような、スペイン・ポルトガルより北の方にあって、かつ両国より遅れて海外進出をはじめた国が熱心だった。

その重要な動機は、一四九四年にスペインとポルトガルが結んだトルデシリャス条約である。これによってア

スコット隊の基地エバンズ岬から見るビクトリア=ランドのロイヤルソサエティー山脈

フリカのベルデ島の沖合から西の方でみつけた陸地はスペインのもの、東の方の〝発見〟はポルトガルのものと、勝手に決めてしまった。つまりイギリス・フランス・オランダは南まわりの道をふさがれて、仕方なく北まわりの抜け道をさぐりはじめたのである。

たとえばイギリスのフロビシャー探検隊は、一五七六年（天正四）にエリザベス女王の盛大な見送りをうけ、中国めざして北西航路をとるのだが、グリーンランドの西のフロビシャー湾（今のカナダ領）から敗退してきた。以後、ハドソンとかデビス・バフィン・パーリーといった人々が次第に北極海深くはいってゆくが、一番悲惨な探検隊は一八四五年（弘化二）に出発したイギリスのフランクリン隊であろう。二隻の軍艦に一二九人が乗りくんでいたが、北極海の氷にとじこめられて動けなくなり、三度目の冬までに一人のこらず死んでしまった。最後の人たちは船を捨てて、はるか南へと絶望的な行進を

ヱッデルアザラシの母子

氷海のフラム号

しながら、ばらばらに死んでいったのである。

北西航路のための探検は、ひとつには北極海のあまりのきびしさに商業的になりたたないことがわかってきたのと、ふたつには船の速度や航海術などの発展によってそんな無理をしなくてもよくなってきたのとで、次第に意義がうすれていった。そのかわりに、北極点という人類のかつて行ったことのない地点への、「未知へのあこがれ」による探検の傾向が強くなってゆく。つまり金もうけの目的ではなく、より純粋な意味での探検に移ってゆくことになる。

氷海のテラノバ号

南極の火山エレバス（3795メートル）

一八七九年（明治一二）にアメリカから出されたデ＝ロング大尉の探検隊は、その最初のものといえよう。後援したのは『ニューヨーク＝ヘラルド』新聞の社長ベネットである。つまり大きなニュースを独占するために新聞社が後援するというかたちの典型であり、これは「未知への挑戦」そのものに価値をみとめはじめたことを意味する。「情報」そのものが「価値」になったということである。ベネットはこの一〇年前に青年記者スタンレーをアフリカに送り、リビングストンの捜索をさせて大成功をおさめている。*

しかしながら、デ＝ロング隊もまた悲劇的結果となり、三二人の隊員のうちわずか二人だけが生還する大遭難事件となった。一八八一年(明治一四)のことである。

このほかグリーリー隊の悲劇(一八八四年)などもあるが、とびぬけて重要な事件は、ノルエーの大探検家ナンセンによる北極海横断の成功(一八九三年)であろう。ナンセンは氷にとざされてもつぶれないような構造の船を考え、海流にまかせて北極海を漂流することによって見事に横断してみせた。これこそが、さきに紹介したように、あとでアムンセンが借りることになる探検船「フラム号」である。

ナンセンはフラム号の漂流の途中で、北極点に近づいたら歩いてでも到達しようとしていた。しかしそんなに北極点近くをフラム号はとおらなかったため、この計画は実現しなかったが、ここに極点到達をひたすら目的とするアメリカ人探検家が現れる。まさにこの人物こそ、アムンセンの北極点の目標を南極にかえさせたピアリーだった。

ピアリーは、主としてグリーンランドの横断などで北極圏での体験を深めていたが、やがて北極点初到達に全力をうちこむようになる。一九〇六年(明治三九)にはエルズメア島を基点にして北緯87度06分、極点まであと三一五キロにせまった。この前年にアムンセンはついに北西航路を初完航し、世界にその名をとどろかせている。

こうした探検史の背景ののちに、ついにピアリーは北極点を踏んだ。一九〇九年(明治四二）のこの大ニュースが、アムンセンに南極点への方向転換というひそかな決意をうながしたことは、さきにふれたとおりである。

北極海がこのように古くから探検されてきたのにたいし、南極大陸が発見されたのはかなり「最近」のことだった。金もうけや侵略とあまり縁がなかったことが第一の理由であろう。南極に大陸があるらしいことに最初に気づいたのは、アメリカ海軍のヰルクス大尉のひきいる探検隊で、一八三八～四〇年（天保九～一一）の航海においてである。

しかし、南極大陸を本格的に確認したのは、ロスのひきいる一八四二年（天保一二）のイギリス隊だった。いま「ロス海」とよばれているところまで深くはいりこみ、エレバス山（三七九五メートル）の噴火を見て、氷雪ばかりの世界にある火山にたいへん驚いている。南極周辺は、このあとしばらくノルヱーなどの捕鯨船が出没する時期がつづいた。

そして南極大陸が本格的探検時代をむかえるのは、二〇世紀初頭の一九〇一年（明治三四）である。この年にイギリスはまだ三三歳のスコット海軍中佐を隊長とする「ディスカバリー号」探検隊を派遣した。同じ年にドイツやスヱーデンからも探検隊が出た。このときのスコット隊は、南極点初到達をこころみたものの主目標とはせず、基礎的な訓練と科学調査が主眼だった。

このイギリス隊に加わっていたシャクルトンは、六年後の一九〇七年（明治四〇）に南極点到達そのものを目的とする探検隊長となり、一九〇九年（明治四二）一月九日、極点まであとわずか一八〇キロの地点（南緯88度23分）に達する。これは大変な成果だった。ピアリーが北極点に初到達した年のことだ。

以上のような歴史的背景のあと、いよいよスコットとアムンセンの劇的レースに移る。

こうした中で、日本もまた無関係ではなかった。日本はドイツやイタリアと似て、海外への侵略や進出にほかのヨーロッパ諸国よりおくれて出発している。ヨーロッパ的探検は、はじめは金もうけが動機だったが、次第に「未知への情熱」にささえられた純粋探検が主流になった。日本も江戸時代には松浦武四郎そのほかのすぐれた探検家がいたのだが、明治以後の政府の主流には、この「未知への情熱」による探検を理解できる人物が少なく、この点ではドイツやイタリアにさえも決定的に劣っていた。しかし日本人自身の中にはそうした情熱家がいたから、極地探検の歴史がほとんどゼロだったにもかかわらず、アムンセンやスコットと同じときに南極大陸へのりこんだ人物がいる。これこそ白瀬矗（のぶ）中尉のひきいる南極探検隊である。

白瀬隊がアムンセン隊と会ったときのことはあとで触れよう。白瀬隊の心意気はすばらしく、当時の貧弱な漁船で南極周辺の暴風圏をのりこえて大陸に行きついたこと自体おどろくべき成果だが、残念ながらアムンセン隊やスコット隊に比べて極地経験があまりに浅く、それ以上に日本政府の姿勢がイギリスやノルヱーとは決定的に違っていた。探検的精神は西欧世界の核心のひとつなのだが、ヨーロッパの科学技術や表面的思想の輸入には理解を示しても、それらのさらに底にある「未知への情熱」を、日本の政治家や役人はついに理解できなかった。*白瀬隊はそのため資金に苦しんだが、なんとか出発できたのは朝日新聞社そのほかの民間の熱意による支援のおかげである。しかし南極大陸でほかの二隊に伍してレースを展開するほどの装備や実力には、残念ながらとてもおよばなかった。

〈Ⅲ〉二人の生いたち

アムンセンの生いたち

ローアル＝アムンセンは、一八七二年（明治五）七月一六日にオスロ郊外の村に生まれたが、まもなくオスロ市内に引っ越した。探検家になろうと決心したのは、一五歳のときフランクリンの書いた本を読んでからである。さきに「一番悲惨な探検隊」として、一二九人全員が死んでしまった例を紹介したイギリス隊の隊長フランクリンは、それまでに二つの探検記を書いていた。いずれもアメリカ大陸の北極圏をさぐったときのものである。

フランクリンは探検記のなかで、氷や風雪とたたかい、飢えのため靴の皮まで食べる

極地探検の服装のアムンセン

などして耐えながら、死線をこえて生還する様子をくわしく書いている。アムンセンはそうした困難に耐えしのぶところにとくに感動し、自分もそのような未知の大自然で苦難に挑戦したいという衝動にかられた。

以来、アムンセンは酷寒の地への旅立ちにそなえて、体力づくりやスキー技術習得にはげんだ。真冬でも寝室の窓をあけっぱなしにして、寒さに耐えるように身体（からだ）をきたえたので、母親はたいへん心配して注意したが、アムンセンは「新鮮な空気が好きだから」といいわけをしていた。父親はアムンセンが一四歳のときに死んでおり、母親はアムンセンを医者にしたいと考えていたため、アムンセンは探検家になる野心をかくしていたのである。

すべては極地探検のために

母親の希望にしたがってアムンセンは大学の医学部にすすんだが、目的は探検家だったので、そのための鍛錬や読書に熱中し、成績は普通以下だった。二一歳のとき、そんな息子の野心に気づかないまま母親は亡くなった。するとアムンセンは、もう母親の希望にしたがう必要もなくなったため、全力を探検のためにささげるべく大学を去った。

ノルヱーには兵役の義務があり、健康な青年は一定期間入営して軍事教練を受ける。アムンセンは将来の仕事に役立てるために、すすんで軍事教練を利用しようと思った。しかし近眼だったので、そのために合格できないおそれがある。アムンセンが身体検査ではだかになったとき、老軍医はその鍛錬された頑健なからだに感心して、「なんて見事な体格だ！」と叫んだ。一五歳のときからきたえたおかげである。老軍医は、となりの部屋にいた将校たちを呼んでアムンセンのからだを見せているうちに、眼の検査をすっかり忘れてしまった。

二二歳の冬のこと、アムンセンは生涯でもっとも危険な目にあう。オスロの西方には高さ二〇〇〇メートルほどの高原がつらなっているので、極地旅行の訓練のつもりで兄*と二人、スキーで横断して海岸側へ出ようとした。一一五キロほどを二日で越える計画だった。

しかし、第一日目の夜とまった牧場の小屋で吹雪になり、二日間とじこめられてしま

天測しながら進むフラム号の航海士たち

ソリ犬たち

った。三日目に歩きだしたところがまた雪になり、高原を横断できないうちに夜となって、雪の中でテントもなしに寝袋にはいるのだが、どうしたことか、このとき全食糧が紛失する。豪雪のなか、磁石をたよりに翌日さらに西へすすんだが、目的地の農家がどうしてもわからず、仕方なく東へ引き返した。

ところが、数歩さきもわからぬ雪降りの中でまた日が暮れ、雪中露営となる。もういちど地球儀を見よう。このあたりの緯度は日本付近でいうとカムチャツカ半島のつけ根、アラスカのアンカレジあたりに相当する。したがって冬は昼がたいへん短い。体温でとけた雪に寝袋をぐしょぬれにされたまま、せまい雪穴を掘って眠ると、夜中に気温がさがり、寝袋が凍ってしまって身動きもできなくなった。ほとんど意識不明になったとき、間一髪で兄に掘りだされて助かったけれど、なにしろ食物を全部なくしてからこんなひどい毎日では、もう体力も残っていない。

その日の夕方、さいわい牧草小屋をみつけてころがりこんだが、兄はもう歩けなくなっていた。しかしそのあくる日には農夫に会い、人相も変わるほどやせこけた姿でようやく救出された。この体験は「まことに私の極地生活の最初の実地訓練をなすものだった」と、アムンセンはのちに自伝のなかで回想している。

ナンセンがフラム号で北極海横断漂流に成功したのは、この二年ほど前にあたる。若きアムンセンにとって、同じノルヱーの偉大なこの探検家はあこがれのまととなった。

アムンセンの最初の南極探検

兵役の義務を終えたアムンセンがただちにこころがけたことは、船長の資格をとるための準備だった。なぜかというと、手にはいるかぎりの極地探検の本を読みふけった結果、これまでの探検隊の弱点として、船長と隊長がいつも別の人間であることに気づいたからである。探検隊長は船の運航の上では船長の権限にしたがわざるをえず、探検隊に二人の指揮者がいることになって、そのためにいつもまさつがおこり、責任が分裂し、隊員の士気にも影響した。隊長が同時に船長であれば、この問題は解決することになる。すべてを極地にうちこんだアムンセンらしい、まことに用意周到な人生設計といえよう。

船長の免状をとるためには船員としての実地経験が必要なので、アムンセンは三年間にわたって夏のあいだ帆船にのりこみ、水夫として働きながら資格試験にそなえた。その間に北氷洋もかいまみている。そして二五歳のとき、ベルギーの南極探検船「ベルジカ号」に船員として乗りくむ機会にめぐまれ、出帆の直前にその一等航海士に任ぜられる。隊長はベルギー人だが、隊員はルーマニア人・ポーランド人・ノルヱー人などいろいろで、のちに有名な探検家になったアメリカ人クック*も船医として乗りこんだ。

この一八九七年（明治三〇）の最初の南氷洋ゆきは、たちまち重大な試練となる。マゼラン海峡に近い南氷洋を南極大陸ぞいに西へ航海していたとき、すでに冬**が近づいていたので、猛吹雪がやってきた。氷山や氷原をぬってすすむうち、船長の誤った判断のために船が氷にとじこめられてしまったのだ。そのまま身動きもできず、ついに越冬して以後一三カ月も待機することになる。越冬のための用意などしてこなかったので、防寒具にしろ食糧にしろ、これは大変な事態である。船員のうち二人が発狂した。ほとんどが壊血病***になり、そのため三人が死んだ。

船長の資格もとったアムンセン

ここで大活躍して隊を救うことになるのが、探検についてよく勉強していたアムンセンとクックである。壊血病を防ぐためには生肉を食べるべきことを知っていた二人は、アザラシやペンギンをとってきたのだ

真夏の氷山。暖かいのでツララが下る

ロス海の浮氷*（流氷）

が、迷信にとりつかれていた隊長は生肉を全隊員に禁止した。おかげで隊長自身や船長も壊血病に倒れ、アムンセンが指揮をとることになった。ただちに生肉食がはじまり、壊血病はたちまち解決に向かう。また防寒具には、しまいこまれた赤毛布を総動員して応急の衣服につくりかえ、全員に着せる措置をとらせた。

そして、最後に氷原から脱出できたのは、クックの何回にもわたる知恵と機転によるものである。故国に帰りついたのは、二年ぶりの一八九九年（明治三二）であった。

北西航路

しかし、アムンセンの名を一挙に世界に知らしめたのは、Ⅱ章の探検史でのべた「北西航路」初航海の成功である。

南氷洋から帰ったアムンセンは、あくる年に船長の免状をとったので、いよいよ北西航路への野心の準備にとりかかった。同じノルヱーの大探検家ナンセンに会って計画をつたえ、先輩としての意見を聞いたところ、ナンセンは心からこれを支持し、はげました上に、後援者まで紹介してくれた。さらにアムンセンは、航路をさぐるほかに科学調査の目標として地磁気も研究すべく、ドイツの海洋気象台に三カ月ほど留学した。でき

エスキモー式アノラック
を着たアムンセン

れば北磁極*の実際の位置をつきとめるつもりだった。

一九〇〇年（明治三三）に中古の小型漁船（四七トン）を買いこんだアムンセンは、グリーンランドとノルエーの間で海洋学上の観測をして実地体験をつんだ上、北西航路へ出発のための資金集めと資材の購入にかかった。ところが、資金集めが思ったよりうまくゆかず、買いこんだ資材への支払いがおくれて、債権者たちはついに「今から二四時間以内に払わなければ、船が動けないようにこわした上、詐欺罪でうったえる！」と通告してきた。そんなことになってはこれまでの長年月の努力が水泡に帰してしまう。

そこでアムンセンは六人の船員仲間と相談し、大雨の降っている真夜中にひそかに出港してしまう。もちろん三年後に帰国して借金は完済するが、とにかく世紀の北西航路探検はこのような出発風景だった。一九〇三年（明治三六）六月一六日、三一歳の門出である。それまでにさまざまな探検隊によって挑戦されながら、すべて失敗した北西航

ボートで運ばれるソリ犬（帰途にタスマニアで）

路。アムンセンの第一の野心が今こそ実行にうつされたのだ。

「ついに来た！」と、出港したアムンセンは歓喜のさけびを自叙伝*に書きつけている。一五歳のときフランクリンの探検記に感激して極地探検家をこころざしてから一六年、その胸中はどんなだったであろう。読書も鍛錬も科学調査の勉強もスキー技術も船長などの免許も、全生活をかけてこの大冒険に備えてきたのだ。

　グリーンランドの西岸で最後の買いものとしてエスキモー犬二〇匹を積みこんだ七人の探検船ヨーア号（ユア号）は、長い航海と越冬のための荷物を満載し、甲板にもすきまなく積み上げて、まるで大きな荷車が海上に浮いたような格好だ

アムンセン隊の犬ゾリ（南極）

った。

暗礁で舵を折ったり、船火事や暴風などで「もうだめか」と思ったこともあったが、九月九日にはキング＝ウイリアム島南岸まで来て越冬生活にはいる。ここではヨーロッパ人を初めてみるカナダ＝エスキモー（イニュイ*民族）たちと交歓して民俗学上の資料を得たり、北磁極を観測したりして二年ちかくすごし、翌々年の八月一三日になって氷のとけた海を再び西へ出発した。キング＝ウイリアム島と北米大陸とのあいだの細いシンプソン海峡は、それまでに通りぬけた船がなく、この探検のいちばんのヤマ場である。深さも暗礁もわからない海を全神経を集中しての緊張した航海が何日もつづいた。

そして八月二四日、「帆船が見えるぞ！」

という歓喜の叫びが全船をはしった。東のアラスカの方から来ている捕鯨船と会ったのだ。つまりアジア大陸との境のベーリング海峡から来た船とぶつかったわけで、ここに北西航路の初航海は事実上証明されたことになる。しかし、そのままベーリング海峡へとすんなりは行けず、アラスカに近いハーシェル島で九月二日にまた氷にとじこめられてしまった。再び越冬だ。

このあいだに、アムンセンはアラスカの内陸へ犬ゾリで大旅行をする。ヨーア号と同様に越冬していた捕鯨船の船長が、早くサンフランシスコへ帰りたいので陸路で南下しようと言いだし、アムンセンも北西航路成功の電報を早くうちたいため、これに便乗してアラスカのユーコン川にある米軍駐屯地まで往復したのである。二台のソリと一二頭のエスキモー犬、人間は船長とアムンセンのほか案内のエスキモー夫妻の合計四人。厳寒と雪の中を、駐屯地まで片道四〇日ほどかかる犬ゾリの旅だが、ソリの御者は終始アムンセンだった。この体験は、のちの南極探検にたいへん役立つことになる。

次の夏になってヨーア号はさらに西進をつづけ、ついにベーリング海峡から太平洋に出てサンフランシスコへ着いた。一九〇六年（明治三九）一〇月のことである。ヨーア号は北西航路初完航の記念にサンフランシスコへ寄贈され、金門湾公園に展示された。

海軍出身のスコット

このころまでに極地探検隊はさまざまな国から出されてきたが、いちばん多く出し、かつ最も成果をあげてきたのはイギリスである。その多くは海軍が軍艦をつかってやってきたもので、したがって探検家には海軍出身者が目立つ。たとえば世界中の海を周航した有名なジェームス＝クックも海軍出身で、南太平洋の島々やオーストラリア・ニュージーランドへのイギリスの侵略・領有の先兵となり、ハワイで先住民に殺されるまでに南極大陸をもはじめて周航している。南極大陸に深くくいこむ「ロス海」にその名を残すジェームス＝ロスや、北西航路の大遭難で有名なフランクリンもイギリス海軍の出身である。

そして、アムンセンと極点初到達をきそうことになるロバート＝F＝スコットもまた、典型的なイギリス海軍士官だった。一八六八年（明治一）にイギリス西南部のデボンシャー州に生まれたスコットは、幼少時代から遊び仲間のあいだでは「隊長」格になるような性格だったといわれるが、アムンセンの少年時代とちがって、早くから極地探検家になろうと決意したわけではない。少年スコットの夢は、イギリス海軍の提督（司令官）

だった。一三歳のとき水兵をこころざし、一八八七年（明治二〇）には一九歳で水雷技士になるための訓練部隊へはいる。

ちょうどそのころのことである。のちに王立地理学協会会長になるクレメンツ＝マーカム卿が、将来イギリス南極探検の隊長になれるような人材を海軍の若い軍人のなかから育てようと捜していた。そして、素質がきわだって認められたのが、一九歳の海軍士官スコットである。たまたまマーカム卿のいとこが隊長をしていた部隊にスコットがいたために目にとまった。

テラノバ号のスコット隊長

マーカム卿は、人類に残された最後の空白地帯としての南極の意味をよく理解し、これをぜひともイギリスの力で探検したいと考えて、海軍を中心とする遠征隊の準備を着々とすすめていた。さきにロスの探検隊があまり南極深くまで進めなかったのは、探検隊が主として高齢者で占められていたせいだとして、次の探検には「若さ」を重視する。だからスコットのほかにも有望な人材を隊員候補とし

ロイズ岬のアデリーペンギン

て書きとめていた。

王立地理学協会の会長になったマーカム卿にスコットが再び会うのは一〇年ほどのちだが、立派な指揮官として育ったスコットは、そのときすでに隊長候補として考えられていた。しかし実際にマーカム会長がスコットに隊長を要請するのは、その二年後の一八九九年（明治三二）である。ある日バッキンガム宮殿の前をスコットが歩いていて偶然マーカム卿の姿をみかけ、声をかけた。自宅にスコットをつれていったマーカムは、南極探検の計画を語り、隊長を引き受けてくれるようにと要請する。

マーカム会長にとっての探検隊長の理想像は、規律正しく、きびしい訓練に耐え、何よりも愛国心の強い海軍士官である。スコットはそのようなマーカムの描く人物像にぴったりであった。そしてスコットはその二日後に隊長を志願する意向を返事し、一年後に正式に隊長に任命される。

このように、アムンセンとスコットとでは隊長になるいきさつからして実に対照的だった。アムンセンが当初から自分の強烈な意志で極地探検家へと驀進（ばくしん）したのに対し、スコットはマーカム卿に見こまれて「任命」されたのである。極地探検の意志はスコットよりもむしろマーカムの方が強烈だったともいえよう。

スコットの最初の南極探検

このようにイギリス探検界の期待をになって隊長に任命されたスコットは、三三歳になった一九〇一年（明治三四）、はじめて南極へ向かう。イギリスの極地探検の伝統にしたがって主力隊員は海軍で、その探検船は「ディスカバリー号」と命名された。

イギリスは世界各地を侵略した代表的な帝国主義国だが、他方ではこうした「未知の世界」への純粋で旺盛な研究心が尊重されていたことも確かである。探検はその典型だから、その場かぎりの人物が行きあたりばったりに選ばれるのではなく、このように長い目でみて「隊長にふさわしい人材」を若いうちから育てた。日本の政府や官僚の探検に対する態度とは天地の差がある。ただし、それが絶対的に「良いこと」かどうかには議論の余地があろうが、もし「悪いこと」だとしても、それでは対極の「良いこと」に日本の政府のような探検軽視が来るかというと、そんなことはありえないだろう。対極としては、おそらくアイヌ社会やアメリカ先住民（いわゆるインディアン）のような自然民の価値観が考えられるが、ここではこの問題に深入りできない。

さて、スコットの探検船「ディスカバリー号」は、出発した翌年の一九〇二年（明治

ロス海に輝く真夜中の太陽

エバンズ岬のヱッデルアザラシ

シャクルトン探検隊が建てた基地の小屋

三五）の二月、南極大陸ロス海のマクマード海峡に到着する。ここで、のちに「ハットポイント」とよばれるようになる小さな岬に小屋をたてて、周辺の探検調査にとりかかる。

ところが実際に踏査隊をいくつか出してから、スコット隊長は探検隊のさまざまな欠陥を知って愕然（がくぜん）とした。要するに隊員たちが極地でのさまざまな条件にたいして、まったく訓練されていないのだ。テントの張り方はもちろん、料理道具やランプの使い方、はては衣服の着方さえ知らない隊員がいるほどの「南極探検隊」である。踏査隊のひとつが吹雪で遭難し、一人が海中に落ちて死んだのも、まったくの無知無策の結果であった。

しかしスコット隊長は、典型的イギリス士官として並はずれた義務感の持ち主である。

数々の失敗をなんとか「成功のもと」とすべく、たてなおしに全力をつくした。そして一冬あけた一九〇二年の一一月はじめ、スコットは二人の有力な探検家——シャクルトンとウイルソンをともなって、南極点をめざす最初の旅をこころみる。一九匹の犬と三台のソリ。

だが、これはさ<ruby>ん<rt>ヽ</rt></ruby>た<ruby>ん<rt>ヽ</rt></ruby>たるものであった。まず犬が次々と病気になって、死ぬか射殺しなければならなくなり、三カ月の旅の間に全滅した。この原因は、犬の食糧として用意した干し魚が、熱帯を通過して南極へくるまでに変質するか腐ったためらしい。つまり犬の死因は南極自体とは関係ないのだが、この事件によってスコット隊は「犬は役に立たない」という印象を強くきざむことになる。そしてこのことが、犬を主力にしたアムンセン隊との大差を生ずる遠因にもつうじてゆく。

またシャクルトンは壊血病にかかり、重態におちいって血を吐いた。スコットとウイルソンも壊血病になっていたが、とくに重いシャクルトンをソリにのせてひっぱり、九三日間に往復で一九四〇キロを踏破して翌年二月三日に帰着した。基地の隊員たちに三人は別人と思われるほどやつれていた。しかしこの旅で三人は南緯82度16分33秒まで達し、最南到達記録をたてたことになる。

探検船ディスカバリー号は、この夏氷にとざされて動くことができず、スコット隊はさらにもう一冬を南極ですごすが、重態のシャクルトンは補給船モーニング号に収容されて帰国した。二冬目をすごすまでに、スコット隊は周辺各地を広く踏査して、多くの学術上の成果をあげている。そして一九〇四年の一月、まだ氷にとじこめられて動けないでいるディスカバリー号のところへ、二隻の救援船——モーニング号とテラノバ号が現れて、ようやく総引き揚げとなる。

　重病で先に帰国したシャクルトンは、奮起してさらに探検隊を組織し、Ⅱ章の「極地の探検史」でのべたように一九〇七年に捲土重来（けんどちょうらい）、南極点めざして馬の輸送隊で猛進した。これがイギリスの「ニムロド探検隊」と称されるシャクルトン隊である。このときのシャクルトンは驚異的な進撃ぶりを示す。一九〇八年の一〇月末に四人で出発した一行は、途中で次々と馬を失い、最後には人間だけでソリをひいて、あくる年の一月九日、南緯88度23分に到達した。極点まであとわずか約一八〇キロ弱である。食糧不足で引き返し、極点到達はできなかったものの、イギリス隊の大変な成果であった。このとき別動隊は南磁極にも到達・観測している。シャクルトンはその後も南極横断計画で大活躍し、おそらくスコットよりも探検家としての実力はずっと上だったにちがいない。南極地域でイギリスが世界に誇る大探検家は、スコットよりもシャクルトンであり、「イギリスのアムンセン」ともいえる人物だが、日本ではその古典的原著の全訳が出たことはない。

なおスコットが初めて南極点をめざした旅で、シャクルトンと一緒だったウイルソンは、のちにアムンセン隊との競争のときも隊員として最後までスコットと行を共にすることになる。

〈Ⅳ〉南極大陸へ

スコット隊テラノバ号の航海

アムンセン隊より二カ月早く出港したスコット隊のテラノバ号は、やはりモロッコ沖のマディラ島に寄ってから、大西洋をアフリカ南端へと南下した。船を追って長い旅をともにしたのは、クジラやイルカ・海鳥・魚などの動物たちである。とくにウミツバメやアホウドリが何百羽も追ってきて、船尾から捨てられる残飯などをあさった。サメやトビウオはもちろん、子づれのクジラ夫婦も船についてきたことがある。

赤道を通過するときの「赤道祭」は七月一五日だった。最初はたがいに顔も名も知らなかった隊員も多いが、このころにはうちとけて、夕食のあとはいつもノド自慢の歌声

スコット隊の士官と科学者たち（テラノバ号の上級士官室で）

がきこえるようになった。

テラノバ号は南トリニダド島（ブラジル沖）に上陸して生物調査をしたほか、アフリカ南端のケープタウンにも入港する。ここから東へインド洋をぬけてオーストラリアに着き、メルボルンでアムンセンの電報を見てスコットが驚いたことはI章のとおり。さらにテラノバ号はニュージーランドへ行き、ここで馬や石炭*などを積みこんだ。出港前にはダンス＝パーティーなども開かれたりして、テラノバ号が最終的に文明世界を離れて南極へ出発したのは一一月の二九日だった。一行のなかで、南極大陸に上陸して越冬する隊員はスコット以下三一人（うち六人は北方別働隊）である。

インド洋南部を東進するフラム号

アムンセン隊フラム号の航海

　スコット隊より二カ月おそく出航したアムンセン隊だが、両隊ともが寄ったモロッコ沖のマディラ島からあとの行動をみると、そこに大きな違いが見られる。スコット隊があちこちに寄って港で時間をつぶしているのにたいし、アムンセン隊はマディラ以後まったく寄り道をせず、ひたすら海の旅ばかりつづけて一直線に南極大陸へ向かった点だ。このため両者の差は、出発のとき二カ月もひらいていたのに、南氷洋にはいったときはスコット隊のほうがわずか一〇日早いだけという小差にちぢまっていた。

　フラム号のアムンセンが、南極大陸までの五カ月の長い航海のなかで一番心配し、注意したのは犬のことである。南極での行動のすべてを犬ゾリにかけたアムンセンとしては、グリーンランドからとりよせて積みこんだ九七匹のエスキモー犬の健康が全隊の運

フラム号の甲板で犬と遊ぶ隊員たち

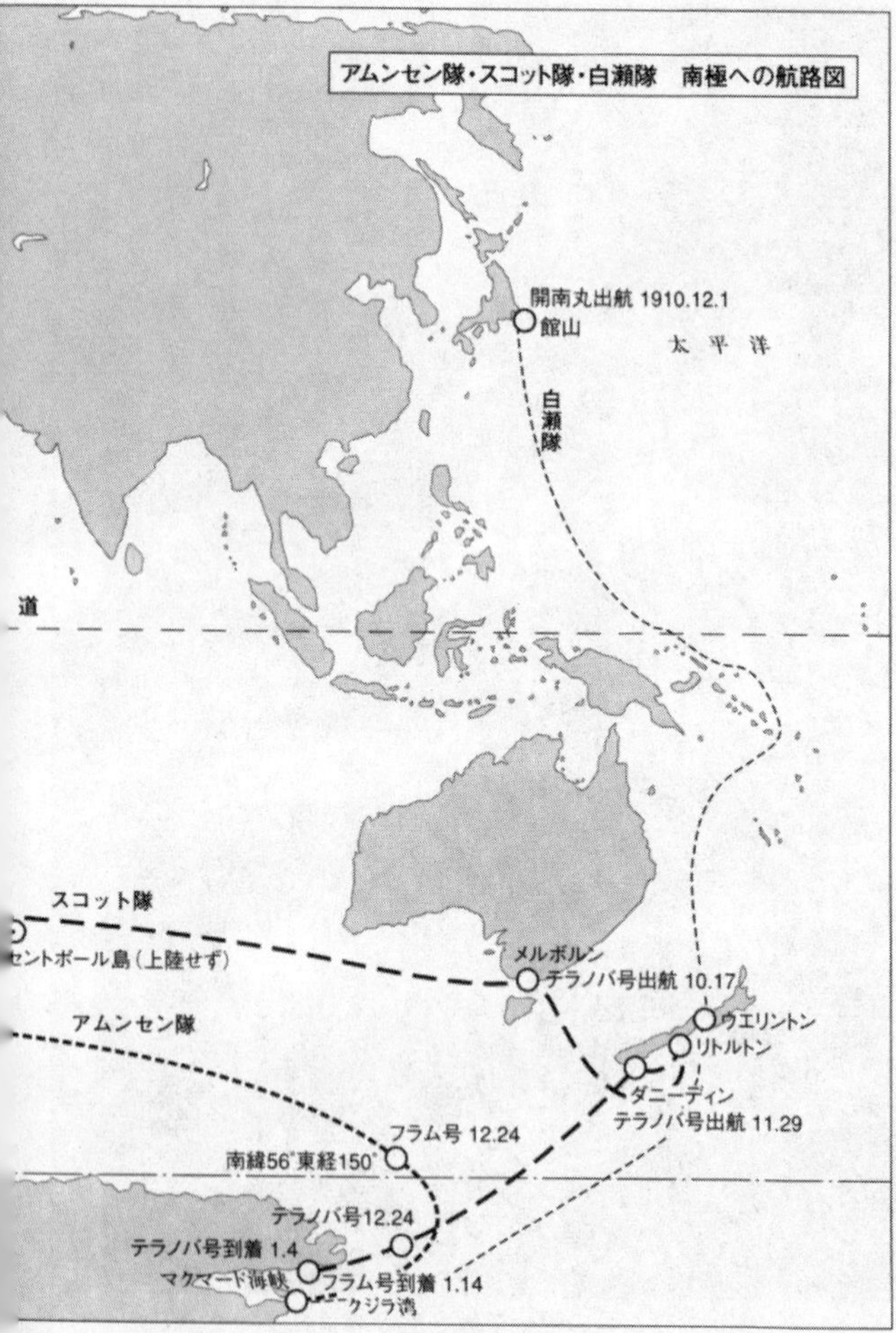
アムンセン隊・スコット隊・白瀬隊　南極への航路図
開南丸出航 1910.12.1
館山
太平洋
白瀬隊
道
スコット隊
セントポール島（上陸せず）
メルボルン
テラノバ号出航 10.17
アムンセン隊
ウエリントン
リトルトン
ダニーディン
テラノバ号出航 11.29
フラム号 12.24
南緯56°東経150°
テラノバ号12.24
テラノバ号到着 1.4
マクマード海峡
フラム号到着 1.14
クジラ湾

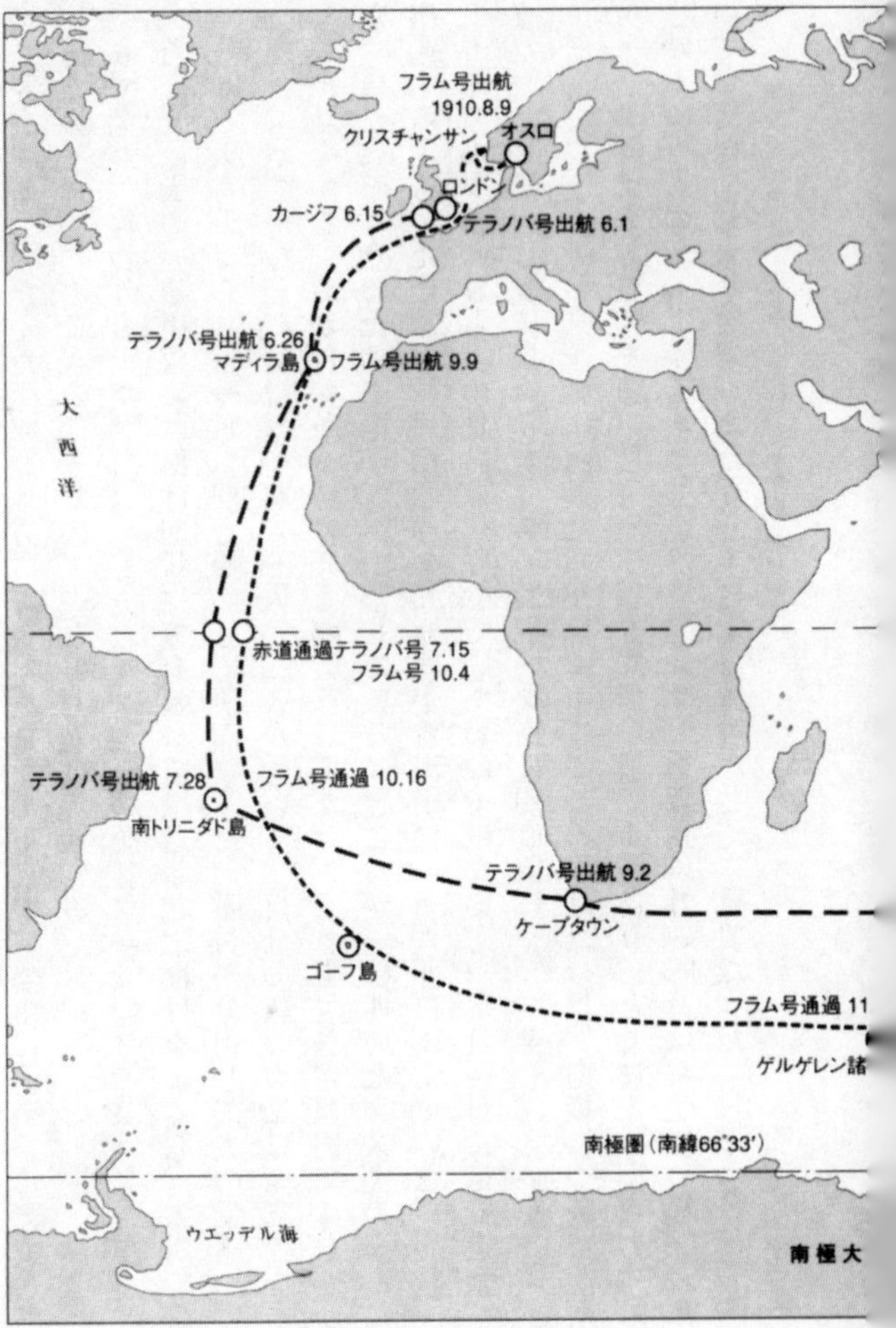
フラム号出航
1910.8.9
クリスチャンサン
オスロ
ロンドン
カージフ 6.15
テラノバ号出航 6.1
テラノバ号出航 6.26
マディラ島
フラム号出航 9.9
大西洋
赤道通過テラノバ号 7.15
フラム号 10.4
テラノバ号出航 7.28
南トリニダド島
フラム号通過 10.16
テラノバ号出航 9.2
ケープタウン
ゴーフ島
フラム号通過 11
ゲルゲレン諸
南極圏（南緯66°33′）
ウエッデル海
南極大

命を左右するものだった。寒い地方に育ったエスキモー犬が、無事に赤道をこえて暑さに耐えぬくために、できるかぎりの工夫と努力がはらわれる。

「まず犬だ。終わりも犬だ」(いつでも犬だ) ——これがフラム号の合言葉になった。たとえば犬のいる甲板にはあげ底状に板を張って風通しと水はけをよくし、太陽で暑くなると天幕がはられ、一日二回も掃除して清潔にした。隊員が分担して犬の世話をするように犬を一〇組に分け、各組に一人か二人がついて、自分の組の犬には全責任をもって世話をする。おかげで航海中に死んだ犬は二匹だけ、それも暑さが原因ではなかった。ほかに不注意のため二匹が海へ転落している。ところが一〇匹いたメス犬のなかに出産する犬もいたため、結局はじめの九七匹が航海中に一一六匹にふえていた。

もちろんフラム号も犬の世話ばかりしていたわけではない。一〇月四日には赤道祭、また一二月二四日夜にはクリスマスのお祝いを南極圏直前にやって楽しんでいる。

そしてフラム号のノルヱー隊員たちが航海中にこころがけたのは、南極についての研究と予備知識の勉強である。図書室には三〇〇〇冊の本があり、とくに南極関係の本は当時あったものすべてがそろっていた。アムンセン隊長以外の隊員は、北極の経験者はいても南極には未経験だったため、本による勉強がとくに重要だった。

暴風圏——地獄の海

南緯44度から55度付近の海は、一年じゅう嵐が吹きすさぶ暴風圏である。

ニュージーランドを出たスコット隊のテラノバ号はまもなく暴風圏にはいり、ほとんど沈没しそうなほどひどい目にあった。なぜかというと、もともと捕鯨船としてつくられたのを探検船に改造したテラノバ号は、石炭でエンジンを動かしていた。(フラム号もテラノバ号も帆船ではあるが、すでにエンジンも併用している時代である。しかしフラム号の方が石油エンジンである点は近代的だった。)そこでテラノバ号の場合、大量の石炭を積みこんでいる。そうでなくとも甲板は動力ソリ*やドラム缶の類が場所をふさいでいたところへ、

暴風圏でほんろうされるテラノバ号

テラノバ号のクリスマス＝イブは浮氷の中で迎えた

船内にはいりきらぬ石炭袋も甲板へ積まれ、足のふみ場もないくらい。しかも甲板には馬小屋もあり、犬も三三匹つながれていた。

暴風圏にはいると、高さ一〇メートルもの大波が甲板をおそい、荷物をしばっている綱を引きちぎってしまった。船がゆれるたびに甲板の上を積み荷がころげまわり、重心も不安定になって危険だ。隊員たちは命がけで荷をしばりなおさなければならない。二日目になると海水が機関室にまで流れこんで大変なことになった。隊員たちは全員交替で徹夜の汲みだし作業をつづけ、ある一人は「この世の地獄の海」と日記に書いている。あわれだったのは甲板の馬や犬だ。鎖につながれたままの犬が一匹溺死してしまったほか、馬も二頭が死亡、一頭が不調になった。

テラノバ号が暴風圏をぬけたのは一二月三日である。海は静まったが、そのかわり一二月九日には氷山や浮氷*があらわれた。うすい青緑色に輝く氷山は、濃い紫色の影を海にうつし、白夜の世界にはいって空はダイダイ色に染まっている。

スコット隊長は七年ぶりに見る南氷洋を感慨ぶかくながめていた。しかしこの美しい流氷がテラノバ号の前進をはばみ、動きがとれなくなる。テラノバ号がクリスマスを祝ったのは、こうして流氷にかこまれていたときだった。脱出できたのは三週間後の一二月三〇日である。

ロス海の大氷壁

いっぽうアムンセンのフラム号もむろん暴風圏を通りすぎるのだが、たんにはげしくゆれたというだけで、何の被害もなしにぬけてしまう。その第一の理由は、ナンセンの考案した極地探検船フラム号の構造にあった。全体がナベ底のような船体なので、氷にはさまれてもつぶれないで押し上げられるようになっている。これが同時に、大波をうまくよけることにもなった。つまり、大波がくると船はヨイショと押し上げられてしまうため、甲板まで波におそわれることがなく、波頭が船の下をくぐって通りぬけるのだ。そのかわりナベと同じように横ゆれがひどくて、とくに料理係などは大変だった。しかしいくら大変でも、甲板のものが大波におそわれて被害を受けるのに比べたら何でもなかった。

またフラム号は、流氷地帯もわずか四日間で無事に通りぬける。事前の研究で東経175度〜180度の間が最も通りやすいことを知っていたし、マストの上からの注意深い観察も有効だった。

このようにして一九一〇年(明治四三)は暮れていった。あくる年一九一一年(明治

ロス海の大氷壁。背景はエレバス山

クジラ湾に上陸したフラム号の乗組員たち

四四）の元旦、まずスコット隊のテラノバ号がロス海にはいり、南極大陸のサービン山やアドミラルティ山脈を目にする。つまりスコット隊はロス海の西沿岸（ビクトリア＝ランド）ぞいに南進した。これは以前からイギリス隊が基地にしてきたロス島が西沿岸ぞいにあるため、今回もそこを基地とすべく目標にしたからである。

一月二日にはテラノバ号の前にロス島の活火山エレバスやロス海の「大氷壁」が姿を現した。この大氷壁は、海面から高さ三〇〜六〇メートルの絶壁となって延々とロス海を遮断している。ロス海の奥半分は、厚い氷でびっしりおおわれた「大氷床」となっていて、その末端がこのような大氷壁となって切れているのである。

スコット隊よりも少し東の方、ロス海のほぼ中央正面から南進していったアムンセン隊のフラム号は、一月一一日に大氷壁にぶつかる。かねての計画にしたがって、フラム号はイギリス隊基地とは反対方向、ロス海東端のクジラ湾へ接岸すべく、大氷壁ぞいに東へまる一昼夜航行した。やがて大氷壁の一角がひらけ、クジラ湾の入り口が現れた。

スコット隊の基地

スコット隊が目標にしたマクマード海峡*（湾）のロス島は、ジェームス＝ロス以来の

動力ソリの荷揚げ

シャチにおそわれる（ポンティングの著書のさし絵）

イギリス隊が〝勢力範囲〟にしてきたところである。スコットの第一回探検から基地にされ、次いでシャクルトン隊もここを基地にしている。スコットは上陸の適地をさがした末、今回はマクマード湾内のエバンズ岬を基地と決定し、一月四日に上陸をはじめた。エレバス火山のふもとである。またもう少し南で同じマクマード湾内にあるハットポイント岬を前進基地とした。

船からの荷あげ作業と基地小屋の建設には二週間ほどかかった。荷あげ作業には危険なことも再三あり、たとえばシャチにおそわれたり、氷が割れて動力ソリが一台海中に沈んだりしている。

基地の小屋ができて、スコット隊二五人の隊員が越冬生活にはいったのは一月一八日であった。馬一七頭、犬三二匹も一緒である。ほかに北方別働隊六人(キャンベル隊)もロス海岸で活動している。

アムンセン隊の基地

アムンセンは、これまでのイギリスによる南極探検の実績を尊重したので、その成果をそっくり利用するようなことはしなかった。したがってマクマード湾から極点への、

アムンセン隊のフラムハイム基地

すでにかなり奥までシャクルトンなどが進んでわかっているコースには一切かかわらないよう、まったく新しいコースを選ぶことにした。

しかし、マクマード湾とはロス海の反対側にあたるクジラ湾をアムンセンが基地の候補に考えたのは、もちろんそれだけの理由ではない。実はここにすでに、アムンセンの不世出の探検家としての深い洞察がはっきりと現れている。

第一に、マクマード湾にくらべるとクジラ湾のほうが南極点に近い。全南極大陸の周辺で、船が最も南まで行けるのはここである。イギリス隊の基地にくらべるとほぼ南緯1度ぶん、すなわち一〇〇キロ余りも近い。そのほかアザラシなどの動物が豊富で人も犬も食

ソリ犬をあやつるハンセン隊員

糧に困らないとか、大氷床は陸に近い部分より内部のほうが平らで進みやすいとか、船がはいりやすいなど、いろんな利点があった。
　では、なぜスコットなどの他の隊はクジラ湾の大氷床に基地をもうけなかったのだろう。それは、この大氷床が海に浮いた不安定なものだと考えられていたからである。二年も三年も住むことになる基地を、動きやすかったり割れやすかったりする氷床の上に建ててはたしかにあぶない。
　ところが、アムンセンはこの点について過去の文献や記録を徹底的に分析した結果、クジラ湾の大氷床だけは実に安定していて陸地のようなものだという自信をもった。海岸線のかたちは、七〇年前にロスが見たときとほとんど変わらないことを知ったからである。ここは氷の下に地面があるのかもしれないと考えた。これは実に重大な判断といえよう。つまりアムンセンは、常識と考えられていたことに疑問を抱いて調べなおすという真に科学的な態度によって、この新しいコースの大きな利点を机上の研究だけで予知したのだ。動物が多いということは、たんに食糧に困らないだけではなく、生肉の供給によって壊血病になりにくいという重要な問題とも関係がある。

フラム号がクジラ湾の氷岸に投錨したのは一月一四日、予定より一日早い到着である。夕食のあと、ただちにアムンセン以下四人の偵察隊が出て、大氷床の上に基地建設場所をさがした。そして船から四キロほどの位置に格好なところをみつけて帰った。

あくる一五日から荷あげと運送、基地の家の建設が手わけして始められ、併行してアザラシ狩りによる生肉確保とソリ犬の訓練もすすめられた。なにしろこの半年間というもの、犬どもは「食っちゃあ寝る」だけの気楽な生活をしてきたから、「これが毎日の生活なのだ」と信じこんでしまい、重いソリ引きの生活が始まろうとは夢にも思っていない。ソリ犬をあつかう名人のアムンセンが船からおろした犬たちをソリにつけて、見守る隊員たちの前で最初のひとムチをあてたところ、ほんの二、三メートル歩いただけでみんなすわりこみ、めんくらった表情で顔を見あわせているありさまだ。さらにムチでぶちのめすと、犬どもは走るかわりに仲間同士で大乱闘を始めてしまった。隊員たちは笑いころげて叫んだものだ。――

「その調子なら、夏至（げし）祭までには基地に行けますね！」

〈V〉前哨戦

テラノバ号、フラム号に会う

こうしてイギリス隊もノルヱー隊も、同じロス海で越冬準備にいそがしい日々をすごしていたが、二つの基地はロス海のたがいに反対側にあり、六五〇キロほども離れているから、競争相手のことはまったくわからない。

ところが二月一日のこと、イギリス隊のテラノバ号がロス海の測量をしながら東へ航行中、にわかに船内がさわがしくなった。

「船が見えるぞ！」

「どこの船だ？」

ロス海のテラノバ号

　午前一時ごろだったから、眠っていたものもとびおき、写真機などをもって甲板にかけあがった。当時のロス海に現れる船などというものは、世界最先端の探検隊くらいしかないし、二カ月もあとに出たアムンセン隊がとっくに到着していることも予期しなかったのである。

　けれども、ナンセンの北極横断記録『フラム号漂流記』*を読んだ科学隊員などは、その独得の形を見るとすぐに気づいた。

「や、フラム号だぞ！」

「アムンセンがもう来ているんだ！」

　テラノバ号のスコット隊員たちにとって、これは大きな衝撃（ショック）だった。世紀の大レースを展開することになる二つの南極探検隊は、このとき初めて直接出会ったのである。

フラム号の構造

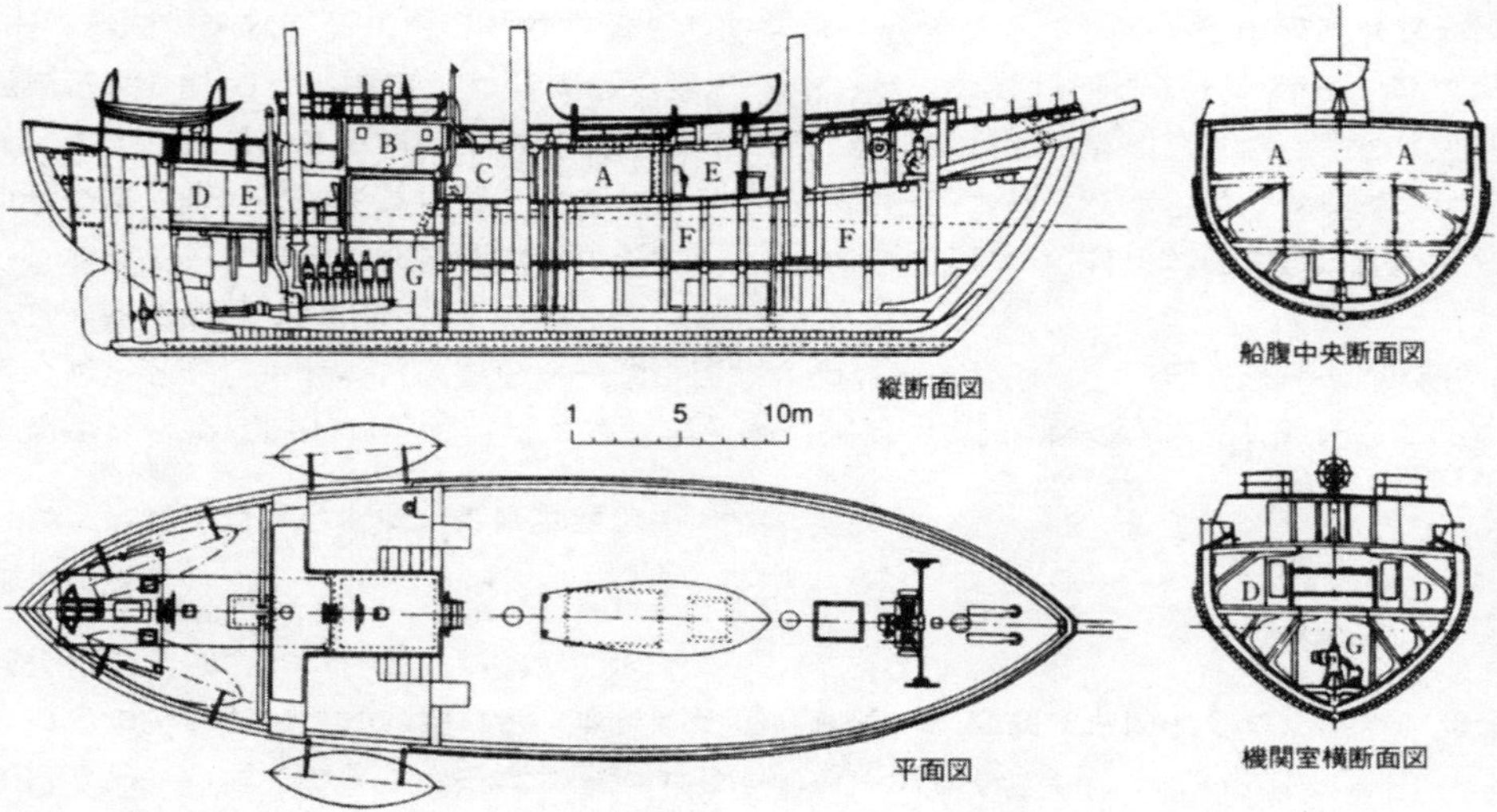

A 作業室　B 海図室　C 調理室　D キャビン　E サルーン　F 食糧庫　G 機関室

ついでながら、このころ日本の白瀬隊「開南丸」はニュージーランドのウエリントン港にいて、これから南極へ出航しようというところだった。

この日、テラノバ号の船員がフラム号を訪問すると、当直員が三人いただけで、あとはみんな上陸してるすだった。

アムンセンのテラノバ号訪問

ノルエー隊のほうは一月二八日に基地の家が完成し、「フラムハイム」*と名づけて住みこんでいた。まわりに大型テントが一四張りもたてられ、一〇〇匹余の犬もつながれてにぎやかだ。

フラムハイムにいた上陸隊員たちがテラノバ号に気づいたのは二月四日の早朝である。こちらはイギリス隊がロス海へ到着していることは予期していたものの、フラム号とテラノバ号が並んでいるところを見つけたときは、やはり大きな驚きだった。船のみえる高地に立ったとき、隊員たちはみんなびっくりして、そのときの様子を他人が見れば「まるで正気を失った人々に思われたかもしれないほどだった」と、のちにアムンセンは手記に書いている。

さっそくアムンセン隊は、テラノバ号のペンネル船長以下三人の幹部をフラムハイムに招き、新居で朝食を出しながら三、四時間歓談した。ついでテラノバ号側もアムンセン以下三人を船内に招き、昼食会でもてなした。

このころスコット隊長は内陸へ旅に出ていたので、むろんこの交歓の席にはいないが、ここで両隊は極点到達の旅に出るのが次の夏であることを確認しあう。こうして極点一番乗り競争は、両隊が直接はっきり宣言して展開されることになった。このときのことをイギリス隊のある科学隊員は、日記に次のように書いている。——

「彼らはまことに恐るべき競争相手である」「世界の人々は来年、極に対しておこなわれるこの争覇を興味をもってながめるだろう。それはどんなふうにおこなわれるにしても、運しだいできまるか、頑強な精力によるか堅忍不抜の力によるか……」

この席でアムンセン隊長は、一一六匹もいる犬の半数をイギリス隊に提供してもよい*と申し出たが、イギリス隊側はこれを丁重(ていちょう)にことわっている。

スコット隊長自身も、のちにこのときの様子を知って大きな衝撃をうけ、日記にこう書いた。

「……このことを気にしたり脅威に感じたりせずに、一路わが道を前進して祖国のために最善をつくすのみ。とはいえ、アムンセンの計画が重大な脅威である事実に変わりなし。

アムンセン隊基地に最初に張られたテント

基地の小屋の建設

極点への距離はわが隊より一一〇キロも近く、またかれらがこれほど多数のソリ犬を運んでくるとは予期しなかった。犬ゾリを全面使用するその計画はさぞや有利であろう」

スコット隊のデポ作戦

イギリス・ノルエー両隊による南極大陸での大レースは、「デポ作戦」によって本格的に始まったといえよう。

エバンズ岬のスコット隊基地

「デポ」という言葉は、フランス語で「貯蔵所」を意味し、日本でも登山界でよく使われている。極点まで約一五〇〇キロ*の長い道のりを往復するための食糧や燃料は、全体では大変な量になる。一度にすべてを積みこんで極点へ旅立つことはとてもできない。そこで本隊が出発する前に、途中に食糧をあらかじめ点々と配置しておけば、それをたよりに往復

テラノバ号から陸揚げされる馬

することができる。そのようにして配置された食糧貯蔵所を「デポ」と略称した。またこうした方法はヒマラヤ八〇〇〇メートル級の初期の大登山でも応用されて「極地法」と呼ばれた。

　これから冬を越して、次の夏が来たらできるだけ早く本隊が出発するためには、冬のくる前にこのデポをつくっておく必要がある。それもできるだけ奥地まで、またできるだけ数多く配置するほど有利になる。

　このデポ作戦には、スコット隊のほうがアムンセン隊よりも早く出発できた点、まずは有利だった。一月二四日、スコット隊長以下一二人*のデポ隊が、エバンズ岬の基地を出発する。馬ソリ八台（馬八頭）、犬ゾリ二台（犬二六匹）で人畜の食糧七週間分をのせているが、うち五週間分は自分たちの消費用だから、デポ用は二週間分だ。

しかしながら、途中で人馬ともにさまざまな事故があり、最終的なデポ地点に行ったのは七人と馬五頭と犬ゾリ二台だった。とくに誤算だったのは馬である。途中の吹雪で三頭が弱りはてて帰され、うち二頭は帰途に死んでしまった。残る一頭ものちに死んだ。

結局、スコット隊のデポ作戦は南緯79度29分、エバンズ岬の基地からは三〇〇キロたらずの位置が終点だった。ここに食糧や飼料など合計約一トンを残して「一トンデポ」とよぶことになる。すでに二月一七日になっていた。

デポ作戦隊がマクマード湾に帰ったのは二月下旬だが、スコットの犬ゾリが途中でクレバス（氷河の裂け目）に落ちて間一髪で助かるなど、馬の死とともに暗い材料が目立った。何よりも、デポが南緯80度までも達していない点はとても成功とはいえない。

では、アムンセン隊のほうのデポ作戦はどうだったか。

アムンセン隊のデポ作戦

アムンセン隊はデポ作戦を二回にわけてやることにし、第一次デポ作戦にはアムンセ

アムンセン隊の第１次デポ作戦出発

ン隊長以下四人が二月一〇日に出発した。ソリ三台、犬は各六匹で合計一八匹。デポ用の食糧は合計約七五〇キロ。ソリ一台あたり全荷物の重さ約三五〇キロ。全員スキーをつけている。

出発はスコット隊よりも十数日もおそいが、犬ゾリのスピードは圧倒的だった。少ない日でも二七キロ、多い日だと四〇キロ。しかも犬たちに何の支障もなく、わずか四日目の二月一四日にはもう南緯80度に到達した。ここに最初の「80度デポ」をつくって帰り、荷のなくなった犬ゾリは、なんと一日最高一〇〇キロの速さで、しかも時には人間がソリの上で寝そべって走った。これはソリ旅行としては「猛スピード」である。途中一泊しただけで、一五日の夜にはフラムハイムに帰着していた。

つまり、スコットのデポ隊は一二人が往復一カ月もかかって南緯79度29分までだったのに、こちらは四人で往復たった五日間のうちに南緯80度へ第一のデポをつくったことになる。

デポのためのアザラシ狩り

犬ゾリ走行に大きな自信を得たアムンセンは、つづいて二月二二日、第二次デポ作戦に出発した。こんどは八人でソリ七台、犬は合計四二匹。つまりアムンセン以下全隊員九人のうち、料理係一人だけが留守番に残って出発したのだ。いささか荷を積みすぎたのと、すでに零下四五度にもなる低温でさすがの犬も弱ったのとで、スピードは第一次デポ作戦ほど出ないが、それでも三月三日には南緯81度に達した。

ここに「81度デポ」をつくると、八人のうち三人は基地へ帰り、五人はさらに南進したが、犬のやつれが目立ち、三月八日の南緯82度までがやっとだった。できれば83度までと考えていたアムンセンも、重すぎた荷と寒すぎとですっかりやせてしまった犬たちを見て断念し、ここを「82度デポ」地とした。帰りの旅ではついに八頭の犬が力つきて死んでしまい、基地に着いたのは三月二一日だった。

しかし、アムンセンは重ねて第三次デポ作戦を実行する。これはデポをもっと南に作るのではなく、南緯80度の「80度デポ」にさらに一・一トンのアザラシ肉を追加する目的だ。本番の極点攻略行にさいして、ここで犬が腹いっぱい食うことに、作戦上の重要な意味があった。

三月二八日、この探検で初めて極光（オーロラ）を見る。

第三次デポ作戦は、三月三一日から四月一一日にかけて七人が犬ゾリ六台で実施したが、アムンセン自身は今回は基地に残っていた。

馬か犬か

フラム号もテラノバ号も、両隊がデポ作戦をやっているあいだに、二月中ごろロス海を去った。次の夏がくるまで、もう南極大陸にはイギリス隊二五人（ほかに六人の別働隊）とノルエー隊九人が残るだけとなる。日本の白瀬隊は流氷域を突破できなかったため、三月一四日に南緯74度14分から引き返してオーストラリアへ向かった。五月一日にシドニー港にはいって、次の夏に再度挑戦をこころみるべく待機する。貧弱な漁船で、また極地探検の歴史もない当時の日本隊が、アムンセンやスコットの大探検隊に対抗したのであるから、かなわぬ相手だったとはいえ、やはり白瀬は大した人物だったといえよう。

アムンセン隊の犬ゾリ

　さて、冬の闇を迎える前の両隊のデポ作戦はこうして終わったが、この段階での勝敗はもう明らかである。スコット隊が大人数で長時間かけて一回だけ、しかも80度までも到達できなかったのに、アムンセン隊は小人数で三回も往復し、82度まで進

スコット隊の馬とオーツ隊員

んで、デポした量もスコット隊の三倍になる。この大きな差はどこからきているのだろうか。

直接的には、スコットが馬を主力にし、アムンセンが犬を主力にした点にあるだろう。いくら寒い地方出身の小型馬（ポニー）だといっても、吹雪の中で雪にくるまって平気で眠るエスキモー犬にはかなわないし、危険な氷のクレバス（裂け目）も犬はよく予知し、落ちても軽いので引き綱でぶらさがって助かる。それは同時に、人間の落下を事前に防ぐという重大な役割をも果たす。馬は大量のマグサを運んでゆく必要があるのに、犬はアザラシやペンギンなどで現地調達ができ、いざとなれば犬の肉自体がエサにされる。実際、アムンセンの第二次デポ作戦の帰りには、死んで埋葬された犬の死体を、夜中に他の犬たちが掘りだし、食べる順位をあらそって大乱闘になるほどだった。

反対にスコット隊のデポ作戦では、旅に出た八頭の馬のうち三頭を失い、さらにそのあとマクマード湾の海氷上を移動中にまた三頭を失って、わずか二頭が生き残るだけとなる。基地の一頭も死んで、全体としては残った馬が一〇頭だった。

実力の差

しかしスコット隊の敗れた最大の理由は、なんといっても極地に対する全般的な体験の浅さや、寒地での訓練不足であろう。イギリス隊も少し犬をもっていたとはいえ、ノルヱー隊のように自由に駆使するほどなれていない。スキーとなると、イギリス隊は南極で初めて習った者もいるほどで、ゲタのように使いこなしているノルヱー隊とは雲泥の差だ。馬などをイギリス隊がこんなにあてにしたのは、それ以前のイギリス探検隊が馬を使って、ある程度の成果があったし、もともと北極圏のシュピッツベルゲンでイギリス隊が馬を使って以来の「伝統」だったことによる。この伝統はしかし、犬の能力とよく比較した上での選択ではなく、アムンセンから見れば、馬などを南極で使うなんて狂気のサタに思われただろう。白瀬隊さえもカラフト犬による犬ゾリを使ったのである。

こうした実力の差は、デポの量ばかりか、質の差にも現れた。スコット隊はデポの位置に旗などを立てて目印にしただけだから、あとでさがす際に不安で、通りすぎたので

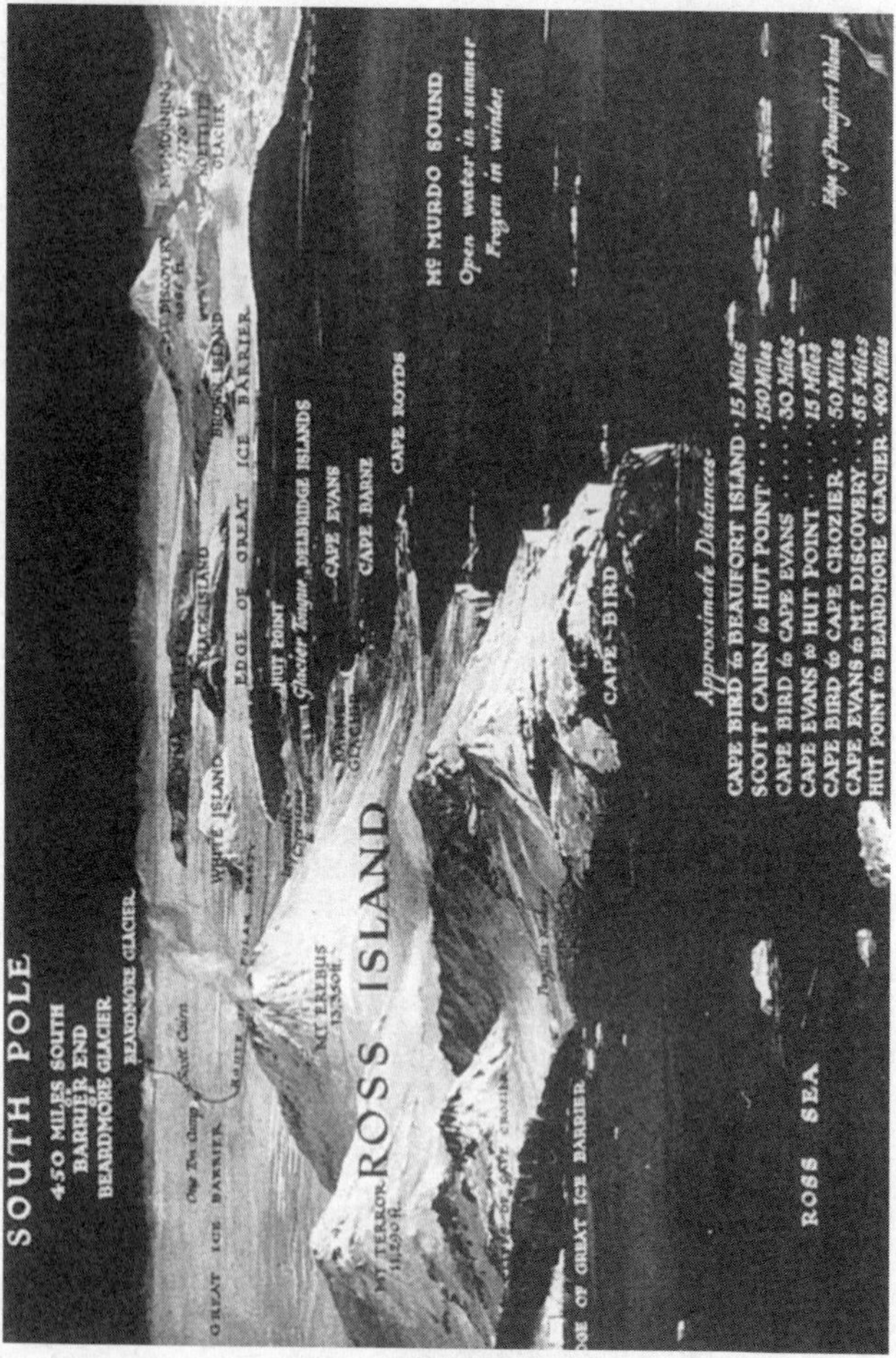

スコット隊基地の模式図

アムンセン隊基地の肉類貯蔵テント

はないかといつも心配しなければならなかった。これに対してアムンセン隊は、進路にそって一五キロごとに点々と竹や干し魚で目印を立てていったほか、デポの位置を通りすぎないように独特の確実な方法を考えている。すなわち進行方向に直角の線で、デポの両側に一〇本ずつの竹竿をたて、間隔は約九〇〇メートルにして黒い旗をつけたのだ。つまり一八キロもの長さで進路をさえぎる旗の列があり、それぞれの竹の番号によってデポの方角と距離がわかるようにしてあった。白一色の世界で、これはたいへん目立つやりかただ。

それに、隊員の心理的な面でもアムンセンはよく気をつかった。極地のような異常な環境に長くいると、神経がまいってイライラし、ノイローゼになる傾向があり、「探検病」とか「極地病」などといわれる。これを防ぐには、できるだけ心理的にゆとりをもたせることだ。たとえば毎日のテントは、三人用のものに二人ずつ寝た。のちに三人用の二個をつないで六人用とし、それに四人が泊まっている。

ところがスコット隊長は、ときには反対に四人用テントに五人つめこむといったことさえあり、人間の神経にとって実にまずい方法をとった。*

デポ作戦中にこうして明らかになった両隊の違いは、本番の極点到達レースにさいしても出てくるのは当然である。しかし、両隊は接することがぜんぜんないのだから、相手がどんなデポ作戦をやっているのか互いに知るすべもなかった。

〈Ⅵ〉「その前夜」の越冬

スコット隊の越冬生活

冬が近づくにつれて北の水平線に傾いていった太陽は、四月のなかごろになると正午ごろ顔を出すだけになり、やがてぜんぜん現れなくなって、春の八月下旬まで太陽とお別れである。暗やみと極光（オーロラ）の「極地の冬」がやってきた。

エレバス山麓エバンズ岬のスコット隊基地では、住みごこちのいい越冬小屋で隊員たちはよく眠り、休養をとることができた。朝食は八時だがおくれがち。夜は一〇時に就寝、一〇時半になるとアセチレンガスが消灯になり、あとはストーブが燃えるばかりとなる。夜中には犬の鳴き声と、馬小屋で馬が蹴る音がたまにするていど。

スコット隊エバンズ岬基地の越冬隊員たち

日記を書くスコット隊長

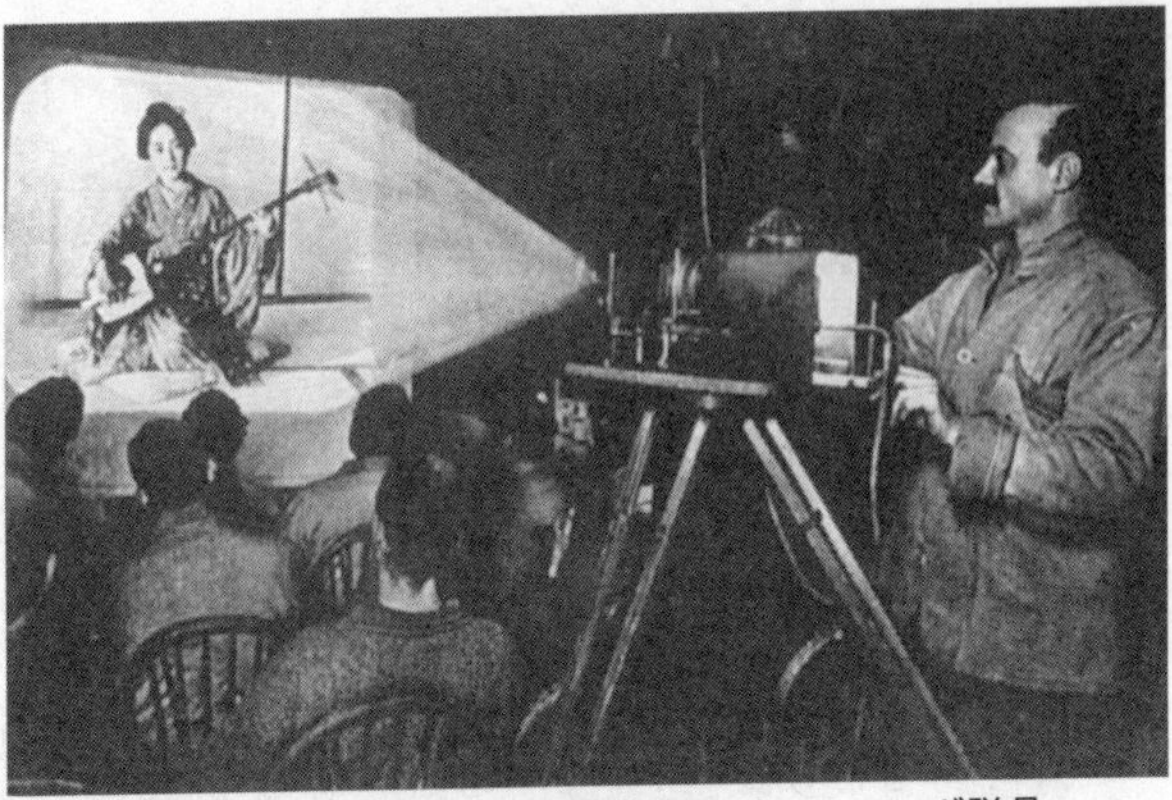

以前訪ねた日本について講義するポンティング隊員

隊員たちの寝室（左から、チェリー＝ガラード・バワーズ・オーツ・ミアズ〈上〉、アトキンソン〈下〉）

しかし猛吹雪（ブリザード）が襲ってきたときは、小屋全体がゆり動かされて、吹きとばされてきた小石が板かべなどをやかましくたたきつける。猛吹雪のあいだは外を歩くこともできないから、ときには何週間も小屋にとじこもっている。

気温その他の気象観測は交替でつづけ、昼のあいだ（といっても暗いけれど）は各隊員ともそれぞれ分担の仕事でかなりの忙しさである。たとえば馬係のオーツ大尉は、馬の運動や調教に苦労している。

夕食を知らせる自動ピアノが鳴ると、隊員たちは食堂に集まってくる。よく出る料理は、トマトのスープ、アザラシやペンギンの焼肉、かんづめの野菜、そして食後にプリンとかライム＝ジュースなど。

夕食後は蓄音機でレコード音楽をたのしんだり、将棋（しょうぎ）や双六（すごろく）の類に興じたりのほか、歴史書・文学作品・極地探検の本などを読んだ。消灯後もロウソクで読書する隊員が珍しくない。

また一週間のうち三回は、夕食後に隊員のだれかが講師になって講義をした。極地での科学や食糧・服装だのの研究発表のほか、チベットの旅行談のような直接関係のないものもある。講義を聞くことは強制されているわけではないから、自分が興味をもったものだけきけばいいのだが。

スコット隊本隊二五人の越冬生活はこのように平穏だったが、ただ動物学者ウイルソンらの三人は、南極の冬の恐るべき厳寒と暗やみのただなか、ペンギンの卵を採集するための長い旅に出る。その物語の前に、アムンセン隊の越冬生活ものぞいてみよう。

アムンセン隊の越冬生活

アムンセン隊九人の基地も朝食は八時である。食事の前にちょっとした遊びがあった。それは歯みがきに外へ出た隊員たちが、そのとき感じた気温が何度だったかを当てる競争だ。各隊員の回答と寒暖計の数値をくらべて、一カ月間に正しく当てた回数の最も多いものが賞品（といっても葉巻き二、三本）をもらえる。これはデポ作戦のとき寒暖計がこわれやすかったため、本番にさいして万一すべてこわれるようなことがあった場合に、およその温度を推定で記録するための練習もかねていた。

朝食後、各隊員はあかりを手にして外へ出ると、分担している犬のグループのテントへ行く。零下五十数度、満天の星と極光（オーロラ）の世界に、あかるいテントが並ぶ様子は幻想的だ。そして隊員たちは、夕方までのあいだ犬を鎖から解放してやって帰ってくる。

冬を迎えるアムンセン基地

犬を放したあとは、各隊員が分担している仕事や気象・天文の観測に熱中する。ソリを軽くするための改造だの、本番の極点への旅に使われる食糧の包装だの、越冬生活はこの隊もかなり多忙だ。いちばん時間をかけ、念もいれた仕事は、極点遠征のためのさまざまな装備（衣類や道具）の点検と修理だった。デポ作戦でのソリ行進の体験によって、コースの雪の様子や、ソリの構造の適否、テントの張り具合、スキーや靴・手袋・肌着などの問題点をつぶさに知ることができたため、アムンセンはこれらについてすっかり改善をほどこし、工夫をこらして、一枚のシャツ、一足の靴下にもこまかい注意を加えるよう指示した。

冬のある夜（右から３人目がアムンセン）

縫いものをするヰスチング

愛称「水晶宮」室で極点遠征のための荷づくりをするヨハンセン

新しいソリを作っているハンセン（左）とギスチング

午後五時すぎには、各隊員が分担する犬たちをそれぞれのテントに入れて鎖につなぎ、エサをやる。エサはアザラシと干し魚が一日おきに与えられた。

炊事係リンドストロム隊員の献立による夕食のあとは、スコット隊と同じように自由な娯楽（ごらく）や読書ですごす。就寝は一一時だが、リンドストロムは朝食のしたくで早おきするため、いつも早目に眠った。

冬至の夜

長い暗やみの冬は、六月二二日から二三日にかけての冬至*がその峠となる。日本など北半球はこの日が夏至にあたり、一年でいちばん昼の長い日だが、南半球では反対に夜のいちばん長い日にあたる。もっとも南極では二四時間夜ばかりの日がつづいているので、冬至だからといって大して変わるところはないのだが、これからは少しずつ太陽のもどってくる日へと向かうわけだから、心理的には「待ちに待った日」といえよう。

星座と極光と氷雪のなか、スコット隊基地はエレバス山のふもとで、またアムンセン隊基地は大氷壁の近くの氷床上でその日をむかえた。どちらの基地も、冬至（夏至祭）を祝って大夕食会と食後の祝宴をたのしんだ。

スコット隊長（中央）の誕生祝賀会（左からアトキンソン・ミアズ・チェリー＝ガラード・オーツ〈立つ〉・テイラー・ネルソン・エバンズ大尉・スコット・ウイルソン・シンプソン・バワーズ・グラン〈立つ〉・ライト・デベナム・デイ）

スコット隊の料理係クリソールド隊員

アムンセン隊の料理係
リンドストロム隊員

気流観測のため気球を上げるスコット隊

地質学者グループの３人（スコット隊）

まず六月二二日の夜はスコット隊基地二五人の大宴会である。すこし前の六月六日にはスコット隊長の誕生祝いに晩餐会があったが、この夜の夕食会は故郷でのクリスマスに相当する盛大なお祝いになった。バワーズ隊員はスキーの杖などを利用してクリスマス＝ツリー（飾り樹）をつくり、写真係のポンティングは幻灯機で珍しい風俗の講演をし、あるいは男同士でダンスをしたり、景品の豆鉄砲を撃ったりのにぎやかさだ。

アムンセン隊基地の九人の大宴会は、故国ノルヱーの「聖ハンス祭」にあわせて翌二三日の夜おこなわれた。夕方までに折りたたみ式ムシぶろでさっぱりしたバイキング*の子孫たちは、けたはずれに巨大なケーキやプリンなどをたらふくたべ、もちろん酒類もはいって豪勢な飲み食いである。つづいて蓄音機で歌をきいたり自分も歌ったり。故国ノルヱーの有名な民謡「ソールベイの歌」が最後にかけられると、定評ある女声歌手の絶唱を地球の反対側できいた隊員たちは、感動のあまりしばらく声も出ないほどだった。そして就寝時間までは矢投げ**をして、賞品めあてに腕をきそった。

「世界最悪の旅」へ

冬至の祝宴があってから五日目の六月二七日、三人の隊員がスコット隊基地をあとにした。ペンギンの巣を見にいって、できれば卵を手にいれるためである。皇帝ペンギンは暗やみの冬の南極大陸で産卵して、ヒナを育てるために、越冬中でなければ営巣状態を見ることができず、まだナマの卵を手にいれた者はなかった。イギリス隊の若い動物学者たち三人は、発生学上の関心から、ペンギンのなかでもいちばん大きい皇帝ペンギンの卵を手に入れたいと考えたのである。

動物学者ウイルソン（三九歳）を隊長に、バワーズ（二八歳）・チェリー＝ガラード（二四歳）の三人は、皇帝ペンギンが集まって越冬しているクロージャ岬まで、二台のソリに荷をつんで出発した。片道一二四キロを、馬も犬もつれずに人力だけでソリを引く。しかも零下五〇度前後の毎日である。月のある、そして天気のよいときだけ明るくなるが、あとは暗い日ばかりの行進がつづいた。零下五〇度以下の戸外で、一切の家のないところを、現在ほど防寒具の発達していないときに一カ月あまりも歩くということは、人類史の上でも実に珍しい行動だったであろう。たとえば北海道でも零下四〇度になるところがあるが、それでさえ戸外に出っぱなしで二四時間（丸一昼夜）いたことのある人はめったにいない。少しくらいの時間なら、たとえ零下五〇度や六〇度でも耐えられるものだが、一カ月余りとなると、それがどんなに大変なことかは、ヒマラヤ登山や極地探検の経験のない人には想像できにくいだろう。

「世界最悪の旅」に出発する３人（左から、バワーズ・ウイルソン・チェリー＝ガラード）

エレバス山はシャクルトン隊が1908年に初登頂

「世界最悪の旅」の往復コース

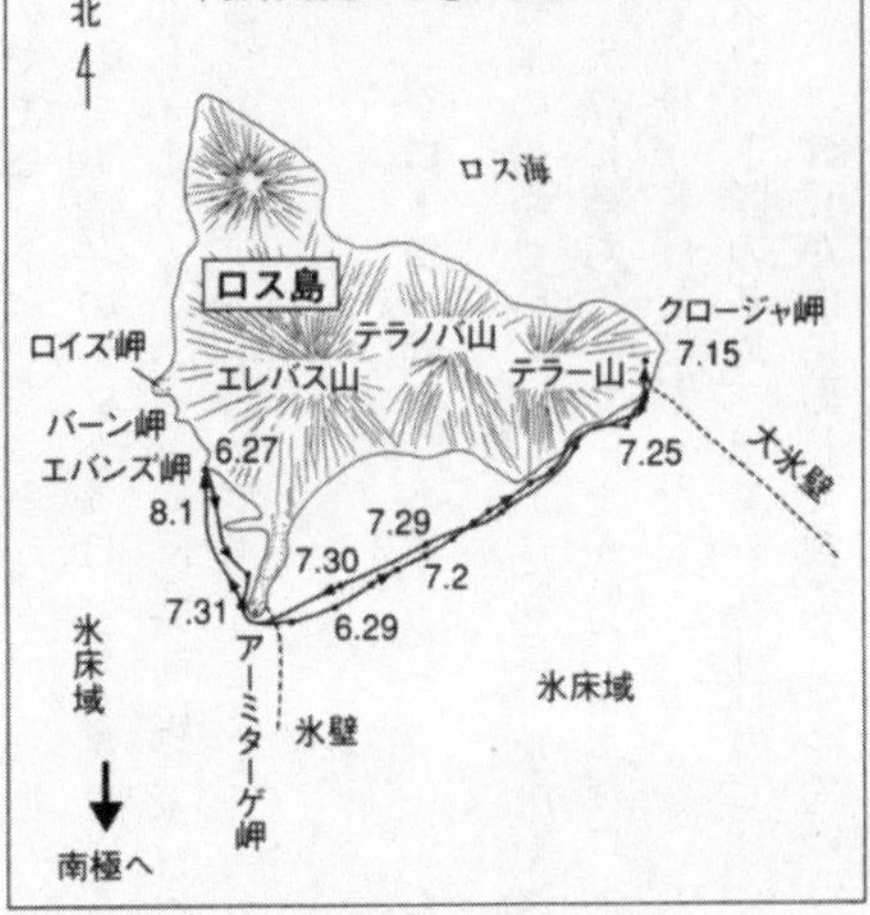

いちばん苦労するのは衣服や寝袋の類だ。人間のからだは、どんなに寒いときでも汗などの水分を全身から発散させている。それがすぐに衣類を凍らせるので、手袋でも寝袋でもバリバリに凍ってしまう。たとえばソリの綱をむすんだりするのにも、鉄の手袋でもはめているように曲がらない手では、思うように仕事がはかどらない。一時的にでも手袋をぬいだらたちまち凍傷になるし、こんどは手袋をはめるのが困難になる。寝袋などは、ひろげてはいるだけでも時間がかかり、はいると出るのにまたひと苦労で、テントのあつかいもそんな調子だから、この旅は遅々としてすすまない。こうした苦労は、飛躍的に装備や原材料の発展した現代からでは一層理解しにくいだろう。荷も重いので、二台のソリを一台ずつにわけて往復することの方が多

いのである。

それでも調子のいいときは一日八キロほど前進したが、零下六〇度にもなる日は三キロ弱しか歩けなかった。一〇時間に三キロ余のこともあり、このときの苦難はのちに「世界最悪の旅」*とよばれるようになる。

クロージャ岬

行進の途中でいちばんの危険は、氷床や氷河の深いクレバス（割れ目）に落ちることだ。実際に落ちこんで、たがいに結んだロープのおかげで助かったことも、一日に何回というほどしばしばだった。

スコット隊の基地を出て一九日目の七月一五日、左前方にコブ状の大きな丘があらわれた。この丘が海に面して絶壁となっているところがめざすクロージャ岬である。ペンギンの巣をさがすための根拠地として、小屋をつくろうと考えていた目的地だ。

西北にそびえるテラー山（三二七八メートル）の、標高二五〇メートルの山腹まで登ってみると、東の方に長大な氷の山脈がひろがって月光に照らしだされ、その肌はあたかも巨大なスキでたがやしたように、深さ十数メートルもの畔（あぜ）になっている。氷の畔の末端には凍結したロス海が静かによこたわっていた。そして南に限りなく広がる灰色の大氷床は、底しれない寒気と暗やみと吹雪との生まれ故郷のように不気味だった。

三人はこの台地に石を積み、雪を掘って小屋をつくった。しかしペンギンの住む大氷壁の下の海岸へここからゆくには、何本もの氷の山脈を越えなければならない。七月も後半になると、太陽はむろんまだ出ないものの、正午の前後だけわずかに明るさがもどってくる。ペンギンの巣のところへは、この明るさがあるときに着くのが望ましい。

七月一八日に小屋を出た三人は、クレバスに何度も落ちてさんざんな目にあい、途中から引き返してきた。

クロージャ岬付近の大氷床にある洞窟（ウイルソンの絵）

クロージャ岬の断崖と大氷床の末端

エバンズ岬からバーン岬へのびる氷脈（プレッシャー=リッジ）

皇帝ペンギンの繁殖地

七月二〇日。さまざまな難所を越えてようやくペンギンの巣の直前まで近づいたとき、残念ながらわずかな明るい時間が過ぎて南風が強くなりはじめた。しかし三人はこの機会をのがさじと、大いそぎでペンギンのなかへ踏みこむ。スコット隊の第一次探検隊が一〇年前にディスカバリー号でこの海岸へ来たときは、ここに二〇〇〇羽ほども皇帝ペンギンがいたのだが、今回は一〇〇羽くらいしか見えない。

三人に気づいたペンギンたちは、金属的なすさまじい声をあげた。立ち去ったあとには卵がたくさん残されている。そんなとき、自分の卵がなくてさびしかったらしいペンギンもいて、立ち去ったあとの卵をすかさず盗む例がよく見られた。

皇帝ペンギンは、こうして冬の真っ最中に、零下五〇度以下の寒さや猛吹雪をものともせず、父親と母親が協力して二カ月も卵をあたためる。やがて夏が近づくと、ヒナをつれた親ペンギンは数キロも氷上を歩いて氷床の末端までゆき、海氷が割れるのを待つ。風がふいて海氷が割れると、ペンギン親子は流氷にのって沖へ出てゆき、海中を自由に泳いでエサをあさるのである。

クロージャ岬で採集した皇帝ペンギンの卵

皇帝ペンギン

テラー山麓につらなる大氷壁（大氷床の末端）

ペンギンの卵をヒナになる前に手に入れたかったのは、それが発生生物学の観点から鳥類の進化に関係し、ひいては進化論上の解明に役立つと考えられたからだった。三人は五個の卵を採集したほか、ストーブの燃料用の脂肪をとるために三羽を殺して皮をはいだ。

このようにして目的を達した三人だが、帰りの旅はさらに難行苦行だった。一人の遭難者も出さずに基地へ帰ることができたのは奇蹟といえるほどの旅である。帰りついたのは八月一日、三六日間の「世界最悪の旅」はかくして終わった。

ペンギンの卵を求めて科学的関心の「宝さがし」をしたこの恐るべき探究心と冒険心は、西欧的な価値観や世界観を典型的に示している。その「善悪」の価値判断はむずかしい問題だが、西欧を理解する上では重要な例といえよう。イギリス隊はノルヱー隊にくらべて極地行動の実力は格段の差で劣っていたが、このような西欧的冒険心という面では決して劣るものではなく、高く評価すべきものがあった。

冬の終わり

四カ月ぶりに太陽が顔を出すのは、スコット隊基地では八月二三日、アムンセン隊基地では八月二四日である。

アムンセン隊基地の越冬生活は、冬至がすぎてからは時間のすぎるのがたいへん早く感じられた。本番の極点到達競争にそなえて、少しでも不安のある装備は改良し、少しでも良い案があればとりいれてゆくので、ますます忙しくなったのだ。たとえばテントを二重張りにしたり、より効果的な色に染めたり、防風衣（ウインド＝ヤッケ）の類をさらに余裕のある大きさに作りなおしたり。

非常に注意して改良を加えたのは、下着だの皮の長靴だのといったこまかな個人装備である。靴の改良などでも隊員たちのさまざまな創意工夫が生かされた。雪めがね（ゴ

南極に太陽が戻ってきた（スコット隊基地）

アムンセン隊基地では良い雪めがねのための工夫競争が行なわれた

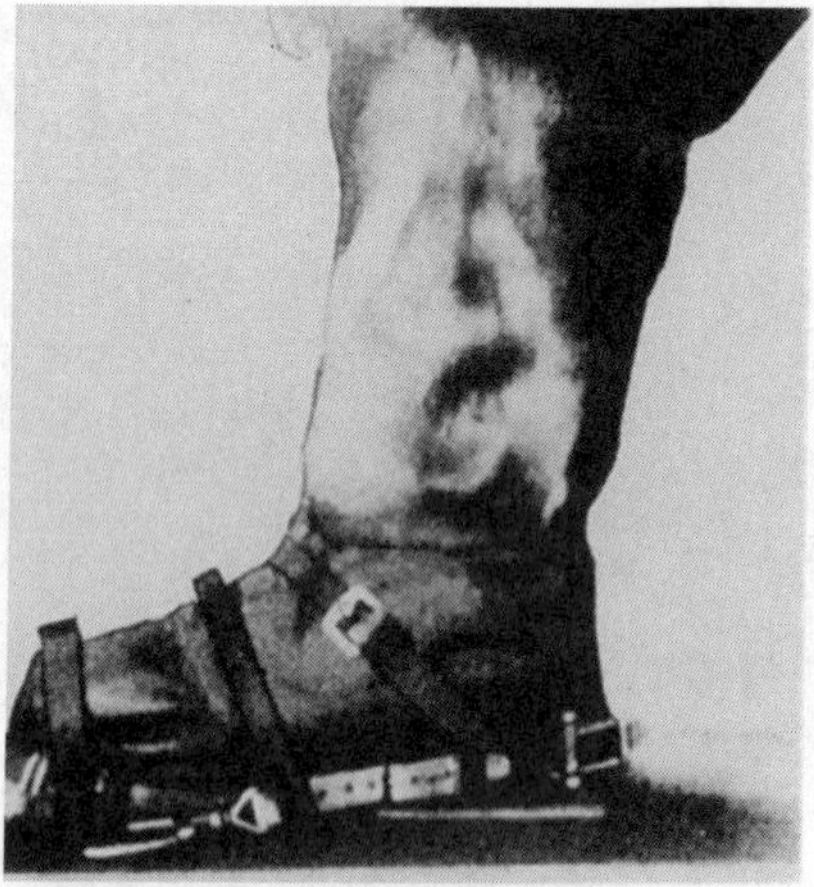

アムンセン隊の靴とスキーの締め具

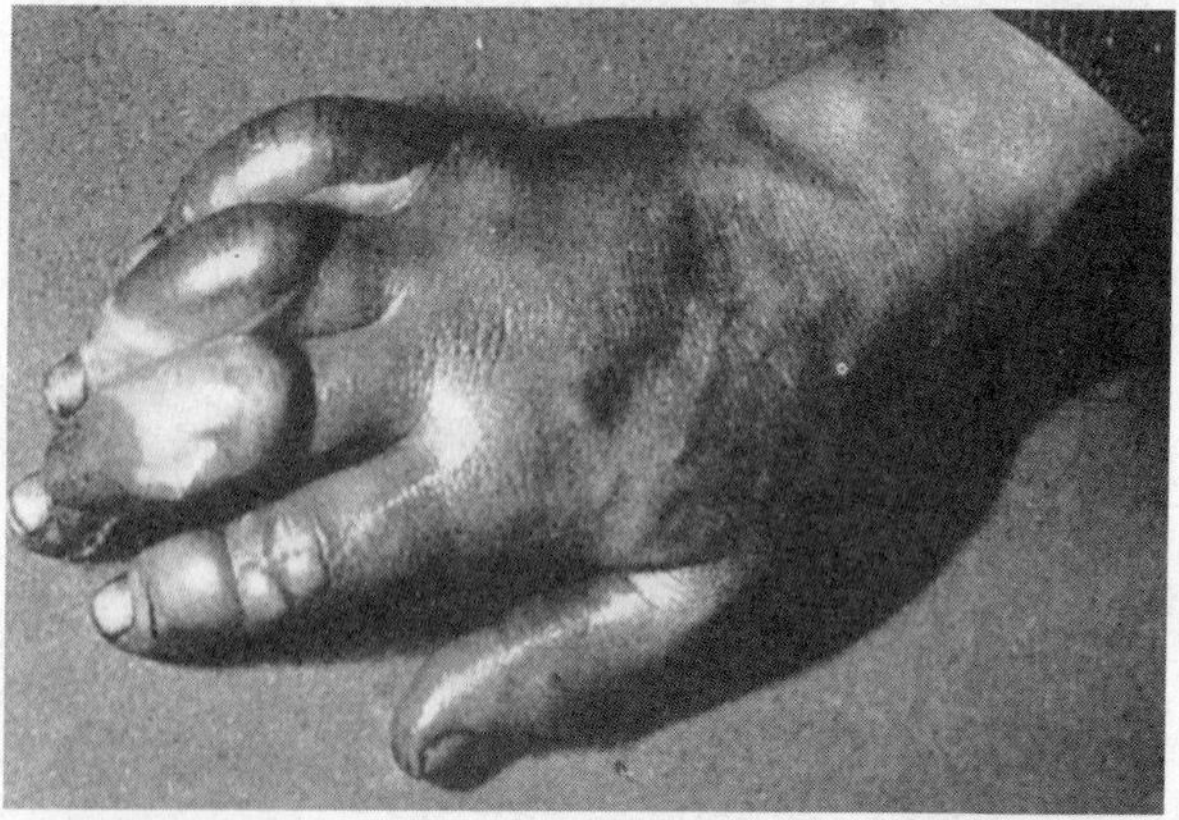

遭難しかかったアトキンソン隊員（スコット隊）は指をひどい凍傷にやられた

ーグル）にも新案競争がおこなわれた結果、ビョーラン隊員のものが賞をとった。これは目のところに細い切りこみをつけた皮の雪めがねである。エスキモー（イニュイ民族）が木でつくるものに似ている。ただしこれはビョーラン以外にだれも使わず、しかもビョーランだけがのちに雪盲*にかかったから、失敗作ではあったものの、アムンセン隊の性格を示す挿話といえよう。

皮の長靴は、靴底に木の板を敷き、七足もの靴下をはけるほどの大きな余裕のあるものに改造された。これはアムンセンが二年近くも考えてきた案を実現した結果だ。寝袋は内側が軽い毛皮、外側が重厚な毛皮で二重になっているが、さらに布の寝袋カバーでおおうことによって雪粒が吹きこむのを防ぐとともに、呼吸や発汗による湿気・凍結問題も手軽に解決した。

こうして八月一六日にはソリへの荷づくりが始まり、二二日には完了して、アムンセン隊はいつでも極点へ向かって出発できる態勢がととのった。

他方スコット隊基地では、三人が「世界最悪の旅」に出ているあいだに、軍医のアトキンソン隊員が猛吹雪のなかで遭難寸前になる事件があったものの、ほかには変わったこともないまま、春が近づくにつれてやはり忙しくなっていった。極点到達の旅はもちろん、ほかに西部への踏査旅行などが計画されていて、そのための準備もあったからだ。

こうして両基地とも冬の終わりとともにあわただしくなるが、どちらも競争相手がいま何をしているのか知るすべがない。たとえばアムンセン隊基地では、八月末になっても零下五〇度の日がつづくために出発ができないでいる隊員のあいだで、こんな会話がかわされていた。

「スコットが今日どれくらい進んだかわかったらなあ」

「いや彼はまだ出発してなんかいないさ。馬には寒すぎて無理だよ」

「それもそうだが、しかしあそこもここと同じくらい寒いとは限らんぜ。山にかこまれているからずっと暖かいかもしれん。それに彼らが寝そべってなまけているはずもなかろう。やるべきことはやってきた連中だ」

アムンセンは少しでも条件がよくなったらすぐに出発しようと決心する。寒すぎたら引き返せばいいのだから。

アムンセン隊、出発して引き返す

九月六日、アムンセン隊基地ではひさしぶりに気温が上がって零下二九度になった。あくる七日はさらに上がって零下一二度。これくらいだと、零下五〇度にくらべたら

〝春風〟のように思われるほどである。いろめきたったアムンセン隊は、ただちにしたくにとりかかり、九月八日には出発した。料理係のリンドストロムを残し、八人が六台の犬ゾリで一路南進する。一台に犬が一二匹前後ずつ、合計九〇匹の大群だ。

しかし、出発してから気温はまた低くなり、九月一一日は零下五五・五度、一二日は同五二度といった調子がつづく。犬にとっても寒すぎて、まるで元気がない。羅針儀の液体が凍って役立たなくなる事故も起きたため、アムンセンは南緯80度の第一デポまで＊で引き返すことにした。運んだ荷はもちろんここにおろし、基地へ帰りついたのは九月一六日だった。帰る途中で三人の隊員がカカトに凍傷を起こしたが、ほどなく全快する。

さてアムンセンはここで考えた。八人の隊で行進するよりも、もっと小人数にするべきではないか。大人数だと朝出発するときのしたくにいつも時間をとられやすい。またデポ作戦で運んだ食糧は、当然ながら少人数であるほど長期間利用できる。……

そこで隊を二つに分け、極点をめざす本隊は五人、あとのプレストルドら三隊員はクジラ湾周辺や東のエドワード七世ランドなどの探検をすることにした。

九月末になるとアザラシやウミツバメの類が見られるようになり、いよいよ春めいてきたが、寒さはまだときどきぶり返した。

「水晶宮」室でのソリの荷づくり

個人装備の修理や改善をするアムンセン隊の隊員たち

スコット隊も活動開始

イギリス隊の基地も動きはじめていたが、本番の極点到達への旅にはまだ出ない。九月九日にまず出かけたのは、エバンズ大尉ら三人による前進キャンプ地への短い旅である。基地から一〇〇キロほど南方の、極点へ進む途中にある「コーナー＝キャンプ」とよばれていたところまで行き、キャンプ地と食糧貯蔵所を雪の中から掘りだして、本隊の前進にそなえるための仕事だった。三人は歩いて往復し、九月一五日に基地へ帰っている。

この旅は、春とはいえ最低が零下五八・五度にもなることがあり、アムンセン隊と同様に寒さで苦しんだ。隊員の一人フォードは手がひどい凍傷にかかり、回復に手間どっている。

三人が帰る前の九月一〇日、スコット隊長は極点到達のためのくわしい戦術を決定して上機嫌だった。当日のスコットの日記には、次のように書かれている。——

「もし動力ソリの調子がよければ、氷河までは苦もなく到達できよう。仮に調子が悪くても着けるはずだ。ここからは四人ずつの三隊で進むのに少なからぬ食糧が必要だが、相応の準備で十分に克服できよう。私は考えうるすべての災厄について対策がたてられるように隊を編成した。あまり甘く見すぎてもいけないが、あらゆる情況からみて、わ

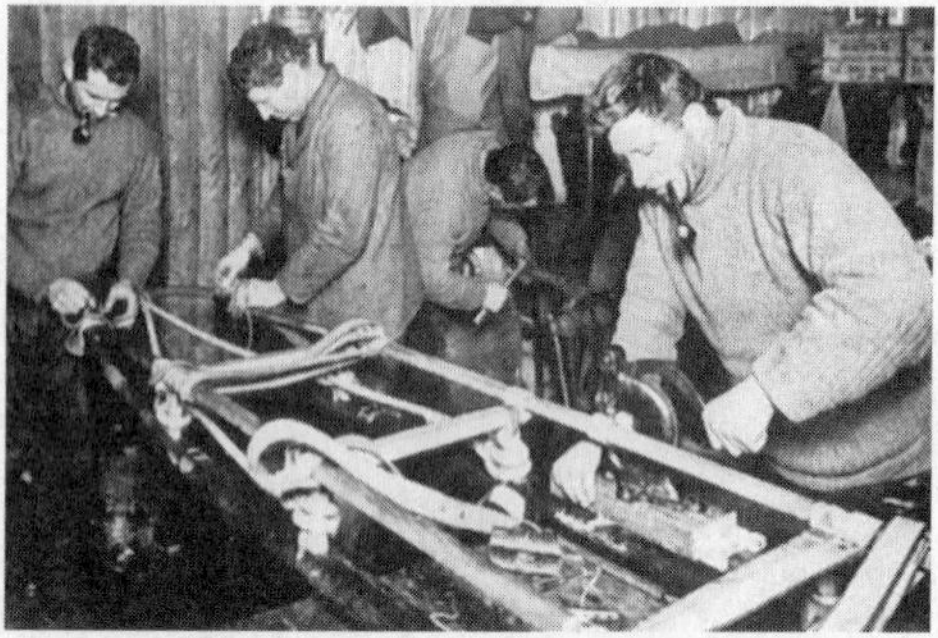

ソリの修理をするスコット隊（左からクリーン・フォード・ラシュリー・水兵エバンズ）

寝袋を修理するスコット隊のクリーン隊員と水兵エバンズ隊員（右）

れわれは成功するだろうと思う」

そして馬などの調子も良いことを喜んでいる。スコットはこのあと、九月一五日にエバンズ大尉らが帰ったのとすれちがいに、自分をふくむ四人の隊で西の山岳地帯へ二週間の調査旅行に出た。これはスコットにとって「とても楽しくて有益な春の小旅行」だったようだ。

しかしながら、一〇月にはいってからは好ましくないことが次々と起こった。まず隊員のうちクリソルドが負傷で極点への旅に失格、二頭の馬が無能とわかって戦力の頼りにできない。次いで犬が原因不明の病気で一匹死んだ。さらに動力ソリの一台は車軸にヒビがはいって動かなくなった。その修理にてまどって、先発隊の出発がおくれることになる。

〈Ⅶ〉南極点への旅立ち

アムンセン隊の出発

「どうだね。出発しようか」

「待ってました。まアのんびり行きましょうや」

その日は朝のうち霧がたちこめていたが、九時半ごろには弱い東風とともに晴れあがってきた。

一九一一年(明治四四)一〇月一九日。アムンセン隊五人の歴史的出発風景は、こんな調子ではじまった。犬どもに引き綱がつけられ、そこらへんの小旅行に出るときと同じように、「またあしたね」というような気分である。いつものことだからと、リンド

(左) ハッセル隊員 (右) ハンセン隊員 (いずれも探検中はヒゲはない。次ページも)

ストロムなどは見送りにも出ないくらいだった。

五人の極地遠征隊員とは、このとき三九歳のアムンセン隊長をはじめ、ハンセン(四一歳)・ギスチング(四〇歳)・ハッセル(三五歳)・ビョーラン(三八歳)である。*五人で四台の犬ゾリをあやつり、一台あたり犬が一三匹、合計五二匹にひかせていた。極点初到達まで直線でも片道約一三〇〇キロ。スコット隊基地からは約一四〇〇キロ。往復だとアムンセン隊二六〇〇キロ、スコット隊二八〇〇キロの大遠征である。これらはしかし直線距離だから、難所のジグザグ行進を考えると往復約三〇〇〇キロになろう。

三〇〇〇キロという数字がどれほどのも

ビョーラン隊員

ギスチング隊員

のか、日本列島の場合で考えてみよう。東京—札幌間が直線で約一〇〇〇キロである。大阪から西だと九州の南端までで一〇〇〇キロ。そして三〇〇〇キロだと、日本最北端の北海道稚内(ワッカナイ)市から、直線距離で沖縄南端の八重山諸島あたりまでに相当する。

この長大な道のりを、アムンセン隊は犬ゾリだけをたよりに走りつづけるわけだが、スコット隊は馬を中心にさまざまな方法で進むことになった。しかも行く先は人類のだれも見たことのない世界、何があるのか見当もつかない南極点である。当時はまだ飛行機があまり発達していなくて、空から見ることもできない時代だった。往復に何日、いや何カ月かかることだろう。

アムンセン隊は南緯80度の第一デポにた

くさんの貯蔵がしてあるため、出発したときはそこまでに必要なものだけをのせて、人間もソリに乗っかったまま、軽々と走った。先頭のソリはハンセン、二台目がビョーラン、三台目がハッセル、最後尾のソリがアムンセンとギスチングの二人。ギスチングのソリ犬たちは最も力が強そうなので、アムンセンはこれに二人乗りをしたのである。しかしときにはスキーをつけてソリの横を走ることもあった。

第一日は約二七キロ走ってキャンプ。野宿のさい、到着時や出発時のテント設営・炊事を早くすますために、この旅では五人が一つの大型テントでキャンプするようにしている。

アムンセン隊、南緯80度着

さて、南極点までの進路は三つの部分に大別できる。本書の資料地図（二六四ページ）をみていただきたい。まずロス海をおおう大氷床（バリア）、次はクイーン＝モード山脈を越える巨大氷河の部分、最後に南極点にいたる氷の高原部分である。

スコット隊の進路は、三年前にシャクルトンが南緯88度23分まで到達しているから、かなり先まで様子がわかっている。しかしアムンセン隊の進路は、82度の第三デポから

大氷床（バリア）上に口をあけているクレバス（氷の裂け目）

南緯80度デポ（アムンセン隊）

先がすべて未知の地域である。アムンセンの方が出発点では一〇〇キロ余り極地に近いとしても、この点では不安が大きいといえよう。

ロス海の大氷床は、大きな障害物こそないものの、氷河や氷床の常としてクレバス（深い割れ目）がときどき口をあけている。クレバスは、氷の動きの激しいところに多くできるのだが、大氷床のように平らな風景だとなかなか見つけにくい。出発して一、二日目、吹雪で視界がよくなかった日のこと、ビョーランのソリがクレバスに落ちこんだ。当人自身はとびおりたが、ソリと一三匹の犬は底なしのクレバスに吸いこまれる寸前だ。いそいで他の隊員たちがかけつけて助けたが、クレバスに宙づりになったソリと荷をひきあげるには、一人がロープでクレバスの中におりなければならなかった。

南緯80度の第一デポ地点には、一〇月二二日の午後ついた。基地から約一六〇キロ。ここにはありあまるほどの食糧が貯蔵されていたから、犬たちにアザラシの肉をたらふく食べさせて力をつけ、四台のソリにはそれぞれ三〇〇キロの食糧（人間用と犬用）が積みこまれた。それでもまだ食糧は余り、帰りの分のほか、もうひとつの三人の探検隊がここに寄って利用できる分もあった。

ソリにはテントその他の装備ものせるので、ソリ自体の重さも加えると、一台あたりの総重量は四〇〇キロほどになる。

ここで吹雪が二日間つづき、アムンセン隊は二四日夜まで休養した。

スコット隊の先陣四人、動力ソリで出発

アムンセン隊の五人が南緯80度の第一デポで休養していた一〇月二四日、スコット隊は動力ソリ二台による四人の先陣を出発させた。もっと早く出るはずだったが、一〇月一七日に故障した動力ソリの修理などで遅れたのである。

エバンズ大尉*以下四人の先発隊は、しかしながらエンジンの過熱に悩まされはじめた。わずか一・二キロほど行進したら三〇分間ほど冷やさなければならない。しかも動きだすためにはまた数分間かけて気化器をあたためる必要がある。

出発して三日目、まだ大氷床にとりつかないうちに一台のエンジンに異常をきたした。そして六日目の三〇日には、早くも一台がエンコして放棄せざるをえなくなる。仕方なくもう一台の方へ荷物を全部つみかえ、それに四人ともつきそって進んだ。

しかし残る一台もエンジンがすぐ過熱するため、行進ははかどらない。積んでいる荷物のほとんどは、本隊の馬たちのためのマグサである。

行進する動力ソリ

動力ソリ隊の４人（左から、ラシュリー・デイ・エバンズ大尉・フーバー）

アムンセン隊、南緯81度着

一〇月二五日。アムンセン隊五人は南緯80度の第一デポを出発した。ここからは一台の総重量が四〇〇キロものソリだから、その上に人間が乗ったら犬が耐えきれない。五人はスキーをつけ、アムンセン隊長以外の四人はそれぞれ担当のソリを綱で操縦しながら進んだ。

これだけ重いソリであれば、犬たちもそんなに速くは走れないと考え、アムンセンは一人あとからついてゆくつもりだった。ところが出発と同時にとびだした犬たちは、いっこうにスピードをゆるめず、一時間に一〇キロも走りつづける。アムンセンはあわてた。これでは追いつくのが大変なので、ギスチングのソリにたのんでロープでひっぱってもらうことにする。つまりスキー場で動力ロープにひっぱられるように、犬ゾリにひっぱられてスキーを滑るのである。

これはまことに「うれしい悲鳴」であった。そのままなんと南緯85度05分の大氷床どんづまりに達するまで約五五〇キロもの距離を、アムンセンはこうしてスキーの〝ドライブ〟を楽しむことになる。

アムンセン隊はところどころに標識として雪の塔（右のソリの背後）を建設しながら進む

途中、帰り道の目じるしにと、ところどころ高さ二メートルほどの雪の塔を標識用につくって進んだ。これは雪ナイフで切った雪の塊を積みあげるだけのものだが、だいたい一三キロから一五キロくらいの間隔でつくり、番号と方角と位置、北どなりの標識までの距離を記入した紙片を残してゆく。ときには、へたばって死んだり、病弱になって射殺された犬の死体も標識の下に残してゆき、帰り道での非常用食糧として計算した。

こうして一〇月二九日には第二デポのある南緯81度に到着した。ここで二泊して、消費した食糧を補給し、装備の点検や位置の測定などをして万全を期した。

出発したスコット本隊の馬ソリの列（その1）

スコット隊の本隊一〇人、馬で出発

スキーのドライブなどを楽しみながら走りつづけるアムンセンの犬ゾリ隊にくらべて、スコット隊の先発隊の動力ソリはなんというしろものであろうか。残った一台も一一月一日にはエンコしてしまい、四人は仕方なく人力でソリをひっぱって進んだ。四人で約三五〇キロをひっぱるのだから、アムンセン隊の一台のソリをひく十余匹の犬の役割を、人間が四人でやっていることになる。これではとても犬のスピードにかなうわけがない。

では、馬をたよりにする本隊はどうしたか。

出発したスコット本隊の馬ソリの列（その2）

スコット隊長以下八人の本隊が、八頭の馬に八台のソリをひかせて出発したのは、先発隊の動力ソリが二台ともだめになった一一月一日のことだった。この前日にあと二頭の頼りにできない馬と二人が先に出ていたので、二日目からは一緒になって一〇頭一〇人の本隊となる。

ところが、馬にはそれぞれ個性や実力に大差があるため、まるでボート漕ぎ競争か、あるいは速力の違う船の商船隊みたいにバラバラになり、先頭とうしろとでは数キロも離れるありさまである。なかには暴れ馬やききわけの悪いのもいて手こずった。馬は夜のほうがいくぶん扱いやすいので、途中から夜間行進をすることになった。

それでも一〇頭の馬を一緒にすすめるには差がありすぎるため、全体を三隊にわけて、三頭・三頭・四頭のグループ別に行進した。スコット隊長の馬は二番目のグループである。

アムンセン隊、南緯82度着

スコット隊の本隊が出発した前日の一〇月三一日、アムンセン隊はすでに南緯81度の第二デポを出発していた。ここでアムンセン隊のソリやテント以外の団体装備について

南緯82度に到達したアムンセン隊

少し説明しておく。

まず計器類としては、羅針儀四個・ソリ距離計三個・六分儀二個・人工水平線器三個・沸点高度計一個・アネロイド晴雨計一個・温度計四個・双眼鏡二個・クロノメーター三個。

旅行用薬品箱・バリカン・外科と歯科用の最小限の器具・裁縫用具一式・携帯テント・ハンダづけ具一式・スキー締め具の予備・プリムス灯（灯油ランプ）二台・灯油二二ガロン。

そのほか各個人の装備があることはいうまでもない。

一〇月三一日にはハンセン隊員がクレバスに落ちたが、すぐに救いだされた。そのある日の気温は零下三四・五度で、これは極点往復の全行程中の最低気温である。

第二デポからは雪の塔の標識をふやして九

キロごとにつくり、一一月三日には南緯82度の第三デポに到着した。このあたりは一日二七キロと決めて進む。この二倍のスピードを出そうと思えば出せたのだが、アムンセンは重い荷のことを考えて犬を消耗させたくなかった。

こうして到着した第三デポは、秋にやっておいたデポ作戦の最終地点にあたり、いわば人間のにおいのする最後の地点である。ここから先はすべて人跡未踏の地帯ばかり。「もう勝利の半分は手中にしたように思われた」とアムンセンは手記に書いている。

ここに五人は三泊して犬をよく休ませ、装備をかわかしたり計器を点検して「本格的出発」にそなえた。実際、秋のうちにやっておいた完全なデポ作戦のおかげで、この南緯82度の第三デポは出発基地のようなものだった。つまり基地をここまで移動しておいたような役割を果たしたのである。

スコット隊の後発二人、犬ゾリで出発

スコット隊は先発隊と本隊であわせて一四人がすでに行進していたが、そのあとさらに犬ゾリ二台によるミアズら二人の後発隊が出て、一一月七日に本隊の一〇人に追いついた。つまりスコット隊は、四人の動力ソリ隊と二人の犬ゾリ隊にはさまれて一〇人の

スコット隊の後発した犬ゾリ隊

本隊があり、合計一六人ということになる。
ノルエー隊が最初から五人だけで軽快な行進をつづけているのにたいし、イギリス隊が一六人もの大部隊になったこととの大きな理由は、秋のデポ作戦が成功していなかったためである。南緯80度にも到達していない上に、運んだ量も少なかったので、その分を今になって運ばなければならない。
南極のように全行程に食糧のないところを一五〇〇キロも往復するとなると、極点に行く少数の人を支援して途中まで食糧を補給するのがたいへんだ。スコットは最後の極点到達隊員を四人と決めていたから、あとの一二人は途中までの支援隊だった。そうするとこの一二人が自分たちのための食糧はもちろん、馬や犬の食糧も持つ必要があるため、ますます大量の荷を必要とするようになる。そして大部隊になればなるほど、行進のスピードはにぶくなるのが常識だ。アムンセンが隊員を八人から五人にへらしたのもこの悪循環をさけるためだった。
このころ、先発隊のエバンズ大尉以下四人は、人力だけのソリひき行進でありながら、かなりがんばって進んでいる。雪の状態が悪く、空腹をがまんしながらも、一日二〇キロ前後、調子のいいときは二七キロ歩くことができた。そして一一月九日には、デポ作戦のときの終点「一トンデポ」（南緯79度29分）に到着、さらに一一月一五日には南緯80度32分に着いた。

　本隊との約束によって、四人の先発隊はここにデポをつくり、本隊の到着を待つ。

アムンセン隊、南緯85度着

　アムンセン隊が、秋のデポ作戦での最終点「第三デポ」（南緯82度）を出発したのは一一月六日、これはスコット隊本隊に後発隊二人が追いつく前日にあたる。

　この段階で両隊の位置をくらべてみよう。アムンセン隊の82度にたいして、スコット隊はまだ78度を少し出たばかり、これではクジラ湾のアムンセン隊基地の緯度の線にまでも到達していない。距離にすると約四〇〇キロの差である。もちろん両隊ともたがいにこのことを知らない。

　アムンセンは、ここからさきの前人未到地域には雪の塔をさらにふやして五キロごとにつくることにし、また緯度線に到達するたび、つまり百余キロごとに帰途のための食

南緯83度のアムンセン隊

南緯84度のアムンセン隊

糧デポを残してゆく方針を決めた。これで荷も少しずつ軽くなるわけだから、一日あたりの行程も三七キロほどにふやした。この速度だと、ほぼ三日ごとに緯度で一度（一一〇キロ余）すすむ計算になる。

ソリひきの毎日がつづき、無理のない速度ではしるにつれて、犬たちの大部分は次第に調子がよくなり、一日三七キロの行程を時速七・五キロで楽々とこなした。人間のほうにしても、スキーをはいてソリに結んだ綱でひっぱられてゆくだけなのだから、もうラクチンの毎日である。スコット隊とは何という大きな違いだろうか。ときどき濃霧の日はあっても、行程がおそくなることはなかった。

一一月八日、南緯83度着。帰途のデポとして五人と犬一二匹の食糧四日分を残す。現在いる犬は五〇匹弱だが、なぜ一二匹分しか考えないかについては、あとでくわしく説明しよう。

ロス海上の大氷床から、日に日に大陸に近づき、海岸の山脈が見えはじめた。一一月一〇日には、標高四〇〇〇メートル以上の山々の肌がよく見えるようになり、大陸へ上がるルートにはどこがいいかを物色しながら進む。これらも人類として初めて見る風景である。すべて無名の山、無名の氷河ばかり。そうであればこそ、探検家は自由にこれに命名する権利があるだろう。アムンセンは主な山などに片端から名前をつけてゆく。

南緯85度のアムンセン隊

たとえば尊敬するノルエー探検界の大先輩の名をとって「ナンセン岳」としたり、隊員たちの名を次々とつけていったり。これは、たとえばアジアやアメリカを侵略したヨーロッパ人が、現地に前からある名を無視して勝手に命名した場合*とちがい、純粋に新しく命名することができる。これらの風景に感動したアムンセンは「かくも美しく、かつ荒々しい景色を私はこれまで見たことがなかった」と手記に書いた。

一一月一二日、南緯84度着。ここにも五人と一二匹のための帰途四日分の食糧と灯油などをデポ。マッチはすべてのデポに配分してゆく。そして一一月一五日、つまりスコット隊の先発隊四人が80度32分についた日に、アムンセン隊は85度について第六デポをつくった。

スコット隊、80度32分に全員集合

いっぽうスコット隊の本隊一二人は、このころ馬のあつかいに手をやいたばかりか、強風や吹雪やベタ雪になやまされていた。

一一月中旬の天気について両隊の記録をしらべてみると、どうもアムンセン隊よりスコット隊のコースのほうがかなり悪天候のようである。両者はこのとき直線距離で八〇キロほどもはなれているから、天候の地方差もかなりあろう。これはアムンセン隊がロス海のまっただなかを進んだのにたいし、スコット隊がビクトリア＝ランドの山ぎわ近くを通ったことと関係するかもしれない。*

アムンセンが机上の研究であらかじめそこまで予測したとは考えられないにせよ、スコット隊にとってこの点は泣きつらにハチのような不運だったといえよう。

スコット隊長は、これまで難局にのぞんでもめったに気落ちした表情をみせず、動力ソリが海に一台沈んでしまったときや、船がエバンズ岬で座礁したときさえ明るい顔をかえなかったが、この悪天候と馬の不調には、あからさまに不快とゆううつの表情をみ

射殺の運命にあるスコット隊の馬たち

せていた。その日記にも「キャンプは沈黙して重苦しく、なにかと手ちがいが目立ってきた」といらついて書いている。三つに分けた馬ソリ隊のうち、スコットらの三台の荷が重すぎるのは、バワーズらの三台が自分たちの馬にラクをさせようと荷を軽くしたせいではないか、などといって、スコットがバワーズを責めることさえあった。

　こうした難行のすえ、ようやく80度32分の先発四人組のデポ地についたのは一一月二一日のことである。ここで全隊員が集合したことになり、一六人は五つのテントを張った。動物は馬一〇頭と犬二三匹。これらがひくソリは一三台。しかし、このなかで二頭の馬はすでに弱りはて、あまり役立たなくなっていた。この日の日記でスコットは、いちばん弱った馬を近いうちに殺して犬のエサにするつもりだと書いている。

一六人はさらに南進したが、一一月二四日になってこの弱った馬は射殺された。そしてその日の夜、先発隊四人のうち二人の隊員は、任務を終わって基地へ帰った。ほぼ81度付近である。これで一四人に馬九頭、犬二三匹ということになった。

犬の運命

一一月一六日に85度の第六デポを出発したアムンセン隊は、次第に起伏が大きくなってきた大氷床を越えて、山脈を越える上陸点をさがしつつ、その日のうちに山麓に着いてテントを張った。これで第一段階としてのロス海の大氷床コースは終わりである。第六デポからはすぐ近くだが、ここは山脈を越える前の重要地点なので第七デポとした。

さて、ここからあと第二段階の行進のために、アムンセンは全隊員とともに最終計画を精密にたてた。全食糧を点検し、ここ以後は絶対に必要なものだけを持って、あとは帰路のためにデポとして残す。

このときアムンセンがたてた大探検家らしい精密な計算は、のちのちまでも驚嘆の目でみられるようになる。それは、ソリ犬自身も食糧として計算するような徹底した作戦

アムンセン隊基地に生まれて、ここが「生まれ故郷」となった子犬

だったからである。前人未到の、どんな障害がまちうけているかわからぬきびしい南極大陸の中心まで、ここからあと往復で一〇九二キロ。東京—札幌の間よりも長いのだから、成功した上で確実に生きて帰るためには、感傷的な甘い考えはいっさい許されない。アムンセンはノルヱーにいてもふだんから犬好きで、その点では普通以上に犬をかわいがっていたが、真の探検家として欠かせぬ決断力もまた並はずれた人物だった。犬についての計算は、次のとおりである。

ここから往復するための日数として、ぎりぎりの余裕を含めると二カ月をあてる。したがって人間と犬の食糧は六〇日分をソリにのせる。すると三〇日分ほど余るので、それを帰途のためにここへデポする。その上で、さらに荷を軽くし、かつ食糧に余裕をもたせるために、不必要になった分だけ犬を殺しながらデポしてゆく。すなわち、現在の犬の総数は四二匹だが、山脈を登りきってしまったところでまず二四匹を処分する。そのあとはソリを一台へらし、三台を六匹ずつ、合計一八匹でひかせる。ここへ帰りつくときにはソリが軽くなっているので二台あればよく、したがって一二匹残っていればよいので、残る一台分の六匹も食糧候補として考える。……

ところで、アムンセン隊がクジラ湾の基地を出発したときは五二匹いた犬が、ここでは四二匹にへっている。あと一〇匹はどうしたのか。

実は、一〇匹のうち五匹はすでに途中で射殺されて帰路のための非常用食糧になり、あとは*放置あるいは逃亡したのである。処分された五匹は、いずれも病弱または体力不足でソリひきの重労働に耐えきれなくなっていた。人類未踏の二千数百キロを往復するということはやはり大変なことで、落伍は死を意味せざるをえなかった。

その経過をみると、まず最初の三匹は基地を出た日の一〇月一九日、太りすぎその他の理由で調子がよくないため、綱から放された。このうち一匹は基地に帰り、一匹はソリのあとをついてきて第一デポに残り、あとで別動隊の三隊員に救出された。もう一匹は行方不明のままである。

一〇月三〇日に一匹が射殺され、雪の塔の標識の中へデポされた。これは老いて耐えきれなくなった犬だ。一一月三日に第三デポで病弱犬が一匹射殺され、あくる日はメス犬が一匹射殺されていずれもデポされた。このメス犬は孕んでいたための落伍である。メス犬が落伍するのはたいていこのためだった。一一月七日に、やはりメス犬一匹を射殺。これは美しい犬で、アムンセンもたいへん残念に思いながら、ほかに仕方がなかった。そしてあくる八日に、残っていた最後のメス犬も射殺の運命にあった。これもハッセル隊員の犬チームの「花」として愛されていた犬だ。

あくる九日の夕方、三匹のオス犬が逃亡した。いずれも前々日射殺された美しいメス犬を愛していた犬ばかりである。いとしいメス犬を捜し求めてもどって行ったにちがいないとアムンセンは書いている。この三匹はいずれもビョーラン隊員のチームで、しかも最上の部類にはいる強力なオス犬だったから大きな損失だ。ビョーランは他のチームから一匹わけてもらわなければならなかった。

馬の運命

スコット隊一四人は一一月末の段階ではけっこうはかどり、アムンセン隊ほどではないにせよ、一日二〇キロ余りずつ確実に進むことができた。帰途のためのデポも一〇〇キロごとにつくった。隊員らの士気も高くて、極点到達レースに勝ちぬくという自信をもっていた。ノルエー隊の犬ゾリの恐るべき実力には一目おいていたものの、なんといってもイギリス隊にはシャクルトンが南緯88度台まで行った過去の実績があり、そこまではコースのことがわかっているのだから、全コース前人未到のノルエー隊より有利と思うのも無理はない。

けれども実際には、この段階ですでにノルエー隊は大氷床を通過して山越えにかかっていたのである。

一一月二八日、あいかわらず降る雪と強風に苦しみながら進み、弱っていた二頭目の馬も射殺される。一二月一日、南緯82度47分に達してデポつくり。本隊が出発してから丸一カ月目の日である。そしてここで三頭目の馬を射殺。馬肉は一頭で犬四日分の食糧になり、シチューにして隊員たちも食べた。

一二月二日。南緯83度の地点で、バワーズ隊員の強力な馬が射殺された。マグサが欠乏してきたため、この馬は大きくて食いすぎるという理由でスコット隊長が射殺を命じたのだ。自分の食事のたびにビスケットを一枚馬にもやっていたバワーズは深く悲しみ、「この馬はよく責任をはたしたから、私もソリをひくにさいして、この馬のように責任

テラノバ号から陸揚げされてつながれていたころの馬たち

をはたそう」と日記に書いた。これで四頭の馬が肉にされたことになる。

馬肉は、不足ぎみな人間の食事をおぎなう重要な食糧のはずだが、その当日に食べただけでデポにせず、犬のエサとしてみんな使ってしまった。このあたりも、犬の死体さえデポとして帰途にそなえるアムンセンとの大きな違いがあらわれている。

一二月三日からはとりわけ悪天候がつづき、夏の天気にしてはスコットがそれまでに出合ったことのないほどの暴風雪だった。あくる四日に五頭目の馬が射殺される。そして五日からは異常な高温でのドカ雪になった。それが八日までつづき、隊はまったく動けなくなる。ふつうは氷点下から上がることがないこの地方で、なんとプラス〇・七度にまで上がった。バワーズなどは温度計が壊れたのかと思ったほどである。

気温が高いと、雪がベタベタしてすぐ溶けてしまう。テントにとじこめられ、しかも何もかもがびしょ濡れになり、それが夜のあいだに凍りつくという最悪の状態だった。

この四日間の停滞はスコット隊にとって大きな痛手だった。馬のエサが切れてしまったのだ。マグサがなくなると、当然ながら馬はまったく役にたたなくなる。もう食糧にするしかない。残っていた五頭の馬は、一二月九日にすべて射殺された。

こうして、アムンセン隊の大部分の犬とスコット隊の全部の馬は殺される運命にあったわけだが、両者の意味はまったく違う。アムンセン隊の場合はすべて計算どおりの、成功につながる積極的なものだったのにたいし、スコット隊の場合は、主力部隊がたよりにしていた馬を大氷床もぬけきらぬうちに全部殺さざるをえなかったわけだから、失敗につながる消極的なものだった。

そして犬を食糧に計算するアムンセン方式は、なにもアムンセンが初めてやったことではなく、大先輩のナンセンが北極海をフラム号で漂流したとき、北極点をめざす旅ですでに行なわれている。ナンセンはヨハンセンと二人で二八匹の犬をつれて出発したさい、犬を「相互に食糧として依存しながら五〇日」分のエサとして計算し、そのとおり実行した。アムンセンはナンセンから学んだ方法を実行したのであった。人類の最先端をきりひらくための行為とはいえ、これはあまりに非情で冷酷と考える人もあるかもしれないが、そのナンセンが並はずれた人道主義者だったことは、その後の彼の生涯が具体的に証明している。*

〈Ⅷ〉山岳地帯を越えて

アムンセン隊、クイーン＝モード山脈へ

大氷床の終点に第七デポをつくったアムンセンは、その日の午後に近くの小さなベティー山へビョーランと二人で登ってみた。クイーン＝モード山脈を越える登り口を偵察するためである。しかしほかにもうひとつ目的があった。

アムンセン隊は、一年以上前にフラム号でマディラ島を出航して以来、地面の土を踏んだことがない。どこにも寄らずに海を一直線に南極まで来て、着いたあとは大氷床の氷と雪だけの世界である。要するに土が恋しくなっていた。そしてこの小さな山の頂上には岩が出ていたのだ。二人はスキーで登り、頂上の石ころを持って、帰りには久しぶ

ベティー山に登る

りの滑降をたのしむことができた。

偵察の結果、ここからそのまま登るルートが良さそうだと確信できたので、あくる一一月一七日にはもう山越えに出発する。「山越え」といっても、山脈を横断して反対側に「下る」ということではない。山脈を登りきると、そこは高原地帯になっていて、登りきったままの高さで標高三〇〇〇メートル以上の大氷原がつづくのである。だから問題は、その高原に登りきるまでの山岳地帯を無事に通過するための道さがしということになる。いちばんの障害は、大斜面をおおう氷河のクレバス（割れ目）だ。多くの困難を覚悟したアムンセンは、ここを登りきるまでに約一〇日間かかるものと予想した。

初日の天気はよく、氷河は動きのにぶいものだったから、クレバスが雪で埋まっていて犬たちも案外うまく登った。急坂では、四台のそりを二台ずつに分け、二組分の犬（つまり二一匹）で一台をひっぱらせて、同じところを二回往復することもあった。複雑なところではケルンとして雪塚を築き、各ケルン間のルートが危険箇所に近づかないように配置して帰路にそなえる。

しかし全体としては思ったよりはかどって、この日の行進は一八・五キロ、登った高さは約六〇〇メートルだった。

テントをたてるとすぐに、二つの偵察班が出て明日の進路をさぐる。せっかく登ったのに、どうやらまた少し下る必要がありそうだ。

氷河を越えて

氷河登りの二日目も、犬が予想以上にがんばったので、犬ゾリ四台を二つに分けて二倍の犬にひっぱらせるつもりの急坂でも、分けないで登ることができた。

ある小さな台地状の氷棚（テラス）（標高約一二〇〇メートル）に登りついたとき、東にそびえるナンセン岳の南面がすでに見えて、裏側にまわったことがわかった。二五日間かかって渡ってきた大氷床が見おろせる最後の場所でもある。ここから高度差で約二五〇メート

ナンセン岳（海抜約4500メートル）

ル下ったが、重いソリが滑りすぎて落下しないように制御する必要があるので、下りもなかなか楽ではない。

それからさらに二つの険しい氷河を、これは二組ずつにわけて登り、標高約二三〇〇メートルに達した。そして、この山脈を登るための最も主流となっている大氷河「アクセル＝ハイベルグ氷河」にとりつくために、クレバスの多いところをもう一度下り、そこでこの日の野営（キャンプ）をした。

三日目の一一月一九日はけわしい登りだった。また犬ゾリを二組に分けて往復しながら、クレバスだらけの複雑なコースを苦労して登り、標高一六八〇メートルの高地に出て野営する。翌日、アムンセンら三人はスキーをつけて下検分の偵察に出た。標高二四四〇メートルまで登って調べた結果、遠くに目ざす大高原の一端をのぞむことができ、調子がよければあと一日で大高原にとりつくことができそうだ。

偵察の帰りはスキーの快適な滑降である。途中の高所から眺めた氷河の風景を、アムンセンは「とても描写できない」ほどの壮観だと書いている。大小のクレバスが無数にきざまれ、巨大な氷塊が散乱し、まわりの山からはナダレが轟々（ごうごう）と落ちてくる。そんななかで、はるか下に見えるちっぽけな赤いテントは、あまりにも小さな存在だった。

その夜のテントは、いよいよ大高原まであと一日というわけで、アムンセンは頭で祝宴の空想をして楽しんだ。一〇日を予定していた大高原までの登りが、わずか四日間ですみそうなのだから、これは大きな成功といえよう。テントの外では、春をむかえた南極大陸の氷河がきしみ、ナダレの落ちる轟音が白夜をゆるがしつづける。

二四匹の犬を処分

あくる一一月二一日は快晴だった。最後の登りに犬も人も全力をあげ、やがて氷が大きな波のように立っているサスツルギ地帯*にはいる。しかもその波の先はナイフのように鋭くてかたいので、氷河の急坂とは別のむずかしさがあった。

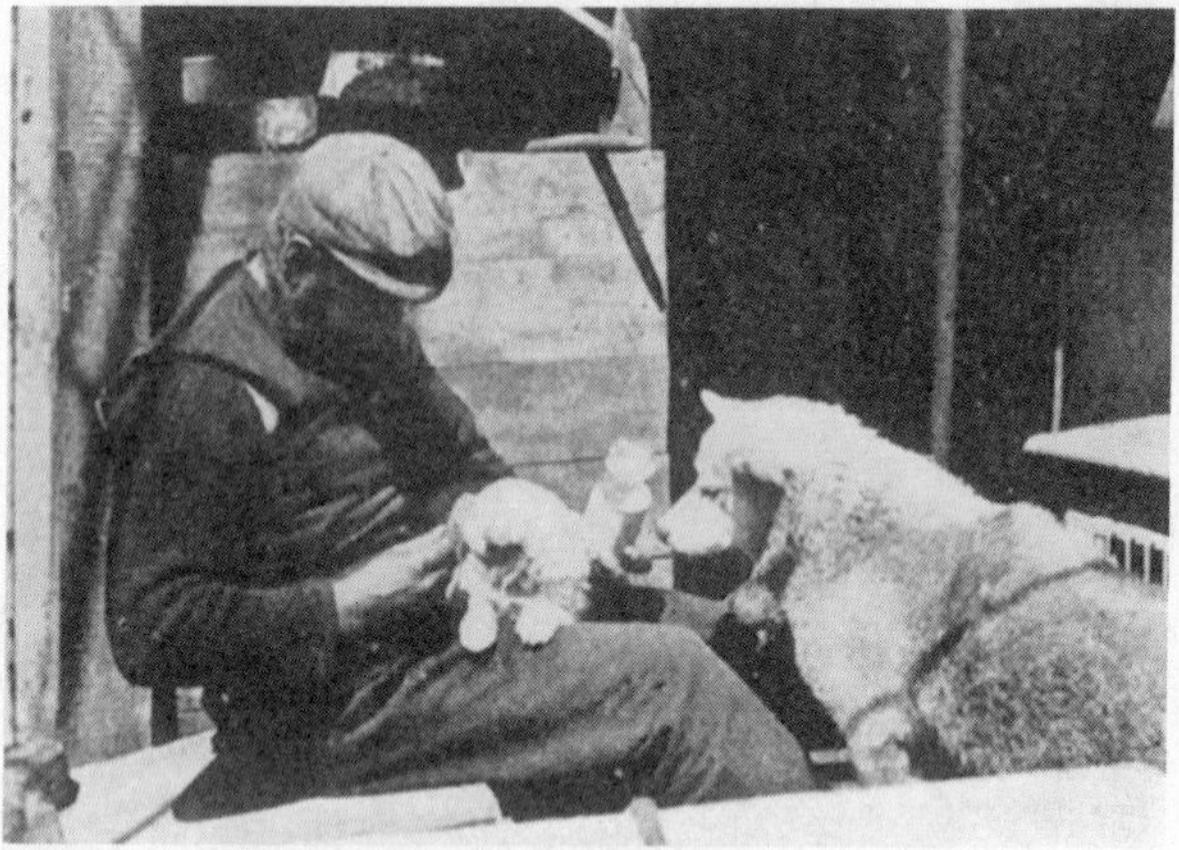

フラム号の船上で手当てをうけるソリ犬

この日の登った高さ（高度差）は一七〇〇メートル、距離では三一キロ、午後八時に目的の大高原末端へたどりついた。南緯85度36分、標高三二三〇メートル。*これは日本の山でいうと富士山の次に高い北岳（南アルプス＝三一九二メートル）とほぼ等しい高さである。条件の悪いところにしては大変な好成績だったから、アムンセンはその第一の功労者としての犬をたいそうほめている。

けれども、四二匹の過半数におよぶ二四匹の犬たちにとっては、この日が最期（さいご）となった。かねての計算どおり、氷河を登りきったら処分されるのだから。アムンセンの手記から、処分したときのことをそのまま引用しよう。

「その夜いつもより私が急いだ仕事は、石油コンロに火をつけて空気圧を高くすること*だった。そうすればコンロの出す音のおかげで、まもなく外からきこえてくるはずの銃撃の音が消されるだろうと期待したからである。われわれの勇敢な仲間にして忠実なしもべだった二四匹が銃殺される運命にあったのだ。ひどいことだった。でも仕方がなかった。極点にゴールインするためには何ごとにもひるまないことを、われわれはたがいに約束していた。四台のソリの各責任者は、自分の担当する犬のなかで決められた数だけ処分することになっていた」

「その晩はペミカン**の調理がいつもより早くできあがり、私はそれを異常に熱中してかきまわしたと記憶する。最初の銃声がきこえた。私は神経質なほうではないのだが、そのときビクッとしたことを告白しよう。銃声はたてつづけに鳴った。広大な平原が不気味に反響する。忠良なしもべは、そのたびに一命を消していった」

そして死体のあたたかいうちに内臓がとりだされ、残っている一八匹の犬のエサにされた。犬たちはすぐには触れようとしなかったけれど、まもなく食欲が出てきて、夜なかまでかかって食べつづけた。

人間のほうも、ここで二日間の休養をとって犬の肉で体力もおぎなう予定にしてあった。それでこのキャンプ地は「肉屋さん」と名づけられたが、犬を処分したばかりのその夜は、ついさっきまで一緒に働いた犬がまだ冷たくならぬうちに食べる気はさすがになかった。大高原にとりついた第一夜というのに、テントの中は冗談も出ず、やりきれなさと悲しみにうちひしがれていた。

「肉屋さん」デポでの休息

あくる一一月二二日、アムンセン隊は射殺した犬たちの皮を午前中かかってはぎ、やわらかい肉の部分は料理のうまいヰスチング隊員が薄切り肉にして煮た。これはたいへんおいしかったので、つくる片端から平らげられてしまった。なお犬を食用に飼っている国は珍しくなく、とくに東南アジアでは盛んである。ハトも中近東から東南アジアにかけてごくふつうに食用に飼われている。こうしたことは習慣のちがいだから、それをもって残酷だの野蛮だのということはできない。日本人がイルカを食べるといってアメリカ人が非難するのも当たらぬことである。*

この日から天気がくずれはじめたが、どうせ休養日を二日とる予定だったからノルヱー隊五人は荷物の整理などにあけくれた。ここでハッセル隊員のソリを一台へらして三台にし、残った一八匹の犬は一台あたり六匹ずつに分けられる。ここから極点まで往復

アムンセン隊のテント。2つのテントを組み合わせて1つにした状態

一〇〇〇キロ弱。積み荷の例として、ギスチング隊員のソリにのせられた主な食糧を紹介する。

ビスケット三七〇〇個（一人一日四〇個）

犬用ペミカン一二六キロ（一匹一日五〇〇グラム）

人間用ペミカン二七キロ（一人一日三五〇グラム）

チョコレート五・八キロ（一人一日四〇グラム）

粉ミルク六キロ（一人一回六〇グラム）

ビョーラン隊員とハンセン隊員のソリも似たような内容だ。ほかにあと六匹の犬が食糧に計算されており、またこの「肉屋さん」キャンプ地（第八デポ）には射殺した犬のうち一四匹分がデポされた。以上で六

○日間の食糧がたっぷりあることになる。

さて、二日間の休養で犬もたらふく食べてすっかり元気を回復したが、天気が一向によくならない。出発をのばすうちに一一月二六日の朝になってしまった。強風はやまず、降雪量も多くて、ソリが埋まってしまうほどだ。気温は零下二七度。みんなで外へ出て猛吹雪の様子をみてからテントにもどり、寝袋の上で意見を交換した。

「もう五日目だけど、とても良くなる気配はないね。風なんかますますひどいじゃないか」

「こんな足どめをくらって寝そべってるなんて最低だなあ。これじゃあ、朝から晩まで走るより疲れるぜ」

アムンセンも同じ考えだった。「やってみるか?」と隊長が言ったとたん、四隊員は大喝采でこれに応じ、たちまちにして荷作り開始。アムンセンはこの朝の隊員たちの劇的な反応ぶりに感動して、その不屈の精神をたたえ、この瞬間の情景がのちのちまでもまぶたから消えなかったと手記に書いている。

かくて五人はブリザード(猛吹雪)のなかへ出発していった。

猛吹雪をついて

ほとんど目をあけていられないような吹雪のなかを、しかもサスツルギの大波に苦しみながら、三台の犬ゾリと五人は進んだ。のろのろとした歩みだったが、少しずつサスツルギの波が小さくなり、行進がらくになってきたかと思うと、ある地点で先頭のハンセンのソリが突然全速力で走りだした。先に何があるか見当もつかないのに、急な下り坂になったのだ。危険を感じたアムンセンは停止させ、ここに野営して見はらしがよくなるのを待った。

このころの天候についてスコット隊長の日記で両者を比べてみると、むしろスコット隊の方が好天に恵まれている。しかしこんな猛吹雪とサスツルギでも平気で行進するアムンセン隊は、気力もさることながら、総合的実力においてやはりスコット隊をはるかにしのいでいたというべきであろう。

あくる早朝わずかに周囲だけ晴れ間があったときの観察で、とるべきルートを見さだめることができたから、その日も吹雪はつづいていたにもかかわらず、かまわずに出発した。氷河の登りでは部分的にしか必要のなかった雪の塔の標識を、ここからまたつく

1日の行進が終わったあとのアムンセン隊

りながら進む。アムンセンにとって不気味だったのは、大高原がゆっくり下り坂となって低くなりつつあることだった。シャクルトンの記録などからの推測では、大高原はたぶん極点までそのままつづくと思われたのに、少しコースの違うここだと何かまた大きな障壁が立ちはだかっているかもしれず、なにしろ人類未踏の世界ばかりだから見当がつかない。しかし吹雪と濃霧ばかりでは遠くがどうなっているのか見わたすこともできない状態である。

その日は三〇キロ進んで、非天測推定*によれば南緯86度で野営。ここの標高は二八〇四メートルで、あの「肉屋さん」の場所より四二七メートルも低くなっている。

あくる一一月二八日も、白いミルクの中の

ような目かくし状態のなかを、強風と雪と濃霧をついて進んだ。

「おーい、あれを見ろ！」というだれかの叫びに気づいてみると、一瞬だけ晴れたときに、けわしい黒い山がすぐ近くにそびえ立ち、たちまちまた見えなくなった。どうもこれは、行く手にとんでもない障害がありそうで、一行は暗い気分になる。この日の行進も三〇キロ。こんな悪天候でもスコット隊よりは一日の走行が速い点に注意しよう。零下二〇度台での吹雪など、エスキモー犬にとっては平気なのである。

あくる二九日もあいかわらずの天気に、目かくしで進むよりテントでしばらく待つべきかもしれないとアムンセンは思うのだが、「しかし晴れるまでに何日待てばいいのか見当がつかない以上、一週間も二週間も待つひまはない」と考えなおして、やはり前進するのだった。

そのうちに、どうやら新しく大きな氷河にぶつかったらしいことがわかってきた。クレバス（割れ目）がたくさん現れはじめたのだ。氷河を登るのには少しでも荷が軽い方がいいので、ここに帰路のための第九デポをつくった。南緯86度21分である。

デポつくりの作業のあいだに次第に晴れてきて、周囲の状況がわかるようになった。アムンセン隊の左手東側には、高い山脈が進行方向とほぼ平行して南に向いてつらなり、だだっぴろい氷河もまた現在地から南へとつづいている。本書の資料地図（二六四ページ）に示した進路図を見ていただきたい。この山脈とは、アムンセン隊がさきに越えたクイーン＝モード山脈が、そのすぐ東で大きく南へまがったもので、その裏側をアムンセン隊は見ていたことになる。

「悪魔の氷河」を登る

第九デポからさらに進んだが、氷河への登りにかかる前の最も低い位置は、「肉屋さん」（第八デポ）よりも高度差で七三〇メートルも低く、標高は二四九九メートルだった。結局、あの「肉屋さん」の位置は、大高原と同じ高さではあっても、厳密にいえばまだ大高原そのものより離れていたことになる。*

この新しい氷河は、登りの傾斜自体は大したことではないものの、クレバスのひどさは前のアクセル＝ハイベルグ氷河以上である。スキーをはいたアムンセンとハッセルがロープで結びあって先導役をつとめるのだが、スキーはクレバスの上でも軽々と越えてしまうことがあるため、そのあとで重いソリが雪を破って落ちることがあり、ギスチングなどはソリもろとも危うくクレバスにのみこまれるところだった。

氷河を高さで六〇メートルほど登ったところで動きがとれなくなり、その日の野営地

「悪魔の氷河」を登る

とした。行き先を偵察するために出たアムンセンとハンセンは、進路の容易ならざることを知り、この氷河を「悪魔の氷河」と呼ぶことにする。一メートル進むためには横の方へ一〇メートル行かなければならないような、クレバスをさけてジグザグ走行や後もどりするところがいっぱいあり、一歩すべると底なしのクレバスに落ちこむような場所もたくさんある。

さいわい一一月三〇日はよく晴れたので、苦労しつつも標高約二六五〇メートルまで登った。こうして、ときには「ナイアガラの滝の綱渡り」のようなところを通過するなど、危険な「悪魔の氷河」の登りは六日間もつづく。犬が再三落ちてはロープにぶらさがり、ひき上げられた。そのうち一二月二日と三日は猛吹雪（ブリザード）だったが、それでも二日間で二九キロ進んでいる。

このようにして、ようやく「悪魔の氷河」を登り終わったのは一二月三日だった。高さもほぼ三〇〇〇メートルにもどり、これでやっと正真正銘の「大高原」に出たことになる。雪面は申し分のない平面となり、クレバスともお別れ、「われわれは何の不安もなくなって南への道をひた走った」（アムンセンの手記から）

スコット隊も氷河登りへ

この、ノルエー隊が氷河を登りきってしまった一二月三日の段階で、イギリス隊はまだロス海の大氷床にいた。再び悪化した天候で動けなかった末に、一二月九日に馬を全部射殺したことはすでに書いたとおりである。

人間の食糧にも問題が持ち上がった。本来なら大氷床から抜け出ていなければならぬ時期に嵐に閉じ込められたのだから、そのぶん食糧が不足するのは当然である。大陸に上がってからの行動用の食糧に手をつける破目におちいった。

ここでスコット隊の行動用食糧がどんなものかを紹介しておく。――ビスケット四五三グラム・ペミカン三四〇グラム・バター五七グラム・ココア一六グラム・砂糖八五グ

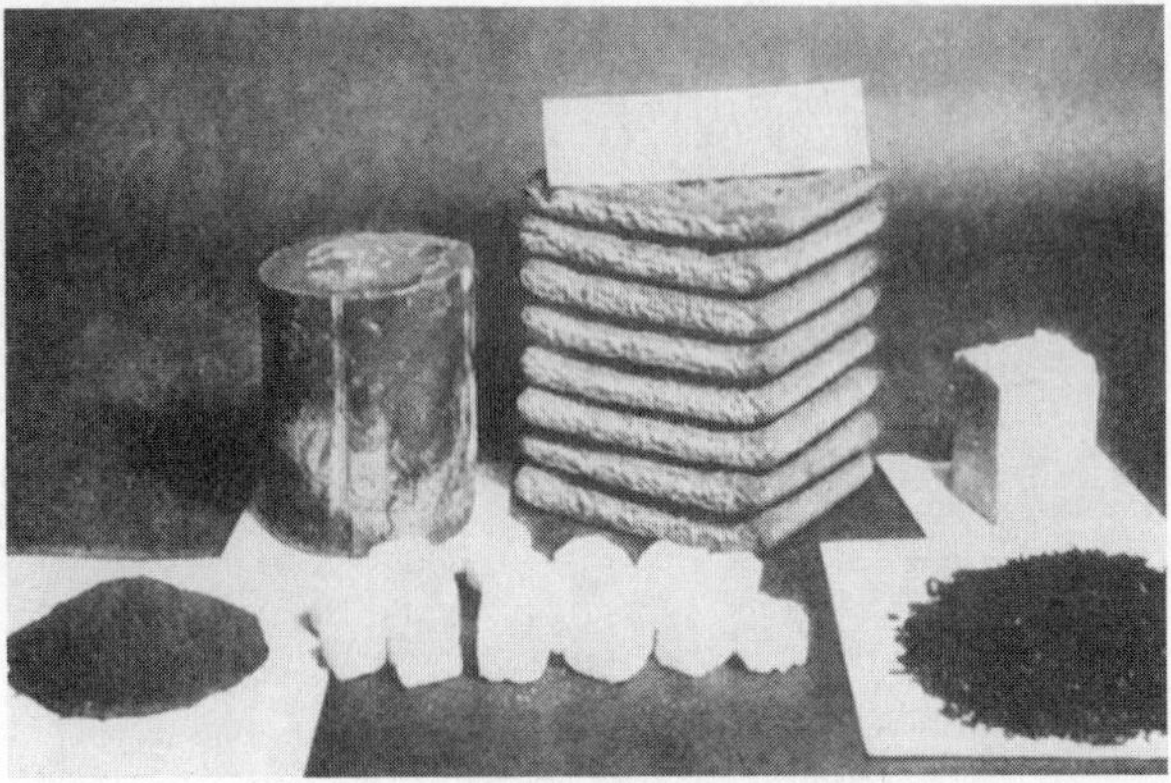

スコット隊のソリ旅行中の行動用食糧（後列左から、ペミカン・ビスケット・バター、前列左からココア・砂糖・お茶）

ラム・お茶二四グラム——これが一人の一日分である。約四九〇〇カロリーの熱量に相当する。これで十分なものかどうかについてはのちに多くの議論があった。スコット隊遭難のあとで行なわれた研究では、氷点下二三度のところで筋肉労働をするには八五〇〇カロリーが必要だという報告もある。実際にソリの行進がはじまってみると、空腹感が隊員を苦しめた。ノルヱー隊と決定的に違って、人間が犬のようにソリを引く重労働なのだ。しかもこれはスコット自身ある程度予想していたことでもある。この点は、私たちの登山経験からしても、これでは明らかに少ないと思う。これもスコット隊のきわめて重大な欠陥であり、酷評すれば無知かつ無策とさえいえよう。

馬を殺した翌日の一二月一〇日、一行はやっとのことで、「大氷床」を抜け出て大陸に一歩をしるす。といってもそこからが全行程のなかで最大の難所である。すでにアムンセン隊が苦労して登ったように、大陸の大高原に達するルートは巨大な氷河になっていて、クレバス（割れ目）がいたるところに口を開けている。ここの氷河はベアドモアといい、広いところだと幅七〇キロにもなる途方もない規模である。

スコットが馬を主力にし、犬を補助的にしか考えなかった理由のひとつは、この大氷河を犬ゾリでは突破できないと思ったからだった。犬についてのスコットの無知の結果である。

犬ゾリも失って人力ソリに

スコットの予期に反して、犬はこのあたりでも元気いっぱいでソリをひっぱってゆく。しかしながら、犬のためのエサがすでにつきていた。もともと補助手段にしか犬ゾリは考えていなかったので、エサのことなどほとんど眼中になかったのである。

一二月一一日。南緯83度35分に「下氷河デポ（しもひょうが）」をつくったあと、やむなく犬ゾリ隊二人は犬とともに基地に帰っていった。これで馬も犬もいなくなったわけだから、残るは一二人とソリ三台だけである。重量はひとり当たり九〇キロである。*道はけわしい登り坂だ。不足ぎみのカロリーでは、これは大変な労働である。

それでもスコットは人間の力だけでソリをひっぱるときがきて大いに張りきっていた。この軍人には一種の精神主義的なところがあって、この旅の一〇年近くまえに、ソリを人間がひっぱってこそ真に困難に打ち勝つ満足感がえられる、という意味のことを書いている。やや自虐的だが、その、スコットが〝待ち望んだ〟状態が、いまやってきたのだ。

氷河上の登りが始まって最初の障害は、隊員たちが雪盲にやられたことである。馬にソリをひかせていたときは夜のあいだ行動していた。ところが人間がひっぱり始める少し前からは行動が昼間になる。その切りかえのときに、不用心にも雪めがねをかけなかった結果だった。日本の冬山とかヒマラヤでもそうだが、ちょっとした不注意が重大な失敗をもたらすことがある。アムンセンも「不注意による場合が多い」と告白しているが、探検家としての実力がアムンセンに遠く及ばぬスコットとなれば、不注意がもっと多くなるのも当然であろう。

ソリをひくのは、予期はしていたものの、たいへんな重労働だった。少しでも苦労を

スコット隊もベアドモア氷河にさしかかる

極点旅行隊のテント内の食事（左から、エバンズ・バワーズ・ウイルソン・スコット）

深い雪に苦しみながら人力でソリを引くスコット隊

深い雪の中での野営（スコット隊）

へらすには、絶えずソリを滑らせておくことである。いったんソリをとめると、動かし始めるのに余分な労力をしいられる。

隊員たちの疲れを慰めたのは、あたりの壮大な風景である。南極大陸の四〇〇〇メートル前後の山々が氷河に迫っている様子は、地上のほかのどこの風景よりも美しいものに思われた。隊員たちの日記にも、風景の美しさに感嘆する言葉がしばしばみられる。

〈Ⅸ〉アムンセンの勝利

シャクルトンの到達緯度を越える

こうしてスコット隊一二人は人力のソリでベアドモア氷河を登りだしたが、一二月一一日の「下氷河デポ」のあと、氷河の中流の「中氷河デポ」の場所についたのは一二月一七日である。すでに一二月三日に大高原を「何の不安もなくなって南への道をひた走」りだしているアムンセン隊は、その後どうしたか。

一二月四日。快晴。南緯87度を通過。標高三〇〇〇メートル。一日で四〇キロ進む。

一二月五日。強い北風と風雪*。のちに猛吹雪。サスツルギ地帯も加わったが、羅針儀で直進し、この日も四〇キロ前進。標高三二七七メートル。すでに「肉屋さん」（第八

極点を目指す最後の突進のための荷造り作業を終わった犬ゾリ（アムンセン隊）

デポ＝三二三〇メートル）よりも高くなっている。

一二月六日。濃霧と大雪。空も雪原もミルクの中のようで何も見えないなかをどんどん進み、南緯88度を通過して88度09分でキャンプ。標高を水の沸点で何度も測ってみたが、前日と同じだった。どうやら大高原の最高部周辺のようだ。

一二月七日。濃霧、のちに晴れ間。正午の天測で南緯88度16分とわかる。この数字は非天測推定（Ⅷ章の「猛吹雪をついて」一七二ページの＊）による位置とぴたりと一致し、アムンセンは今後の荒天下での推定に強い自信を得た。

この日は一つの重大な目標があった。それは三年前のシャクルトンを隊長とするイギリス隊の到達記録「南緯88度23分」である。これは人類の到達した最南端記録だから、これを越えるとノルエー隊が新記録を達成することになる。アムンセンは絹のノルエー国旗を用意し、スキーの杖にむすびつけてあった。行進の順序は、スキーをつけたアムンセンとハッセルが交替で先導役、第一ソリがハンセン、第二ソリがギスチング、第三ソリがビョーランである。先導役は非番のときは自由だが、たいていはどれかのソリの横をスキーで一緒に走った。

シャクルトンの「88度23分」を通るときはアムンセンが先導していた。いよいよ人類最南端到達点が近づくにつれて、生涯を極地に賭けてきたこの大探検家は、さまざまな想いが去来して、走りながらほとんど無我の状態になった。羅針儀は第一ソリのハンセンが持ち、目標に達したら立てる旗も第一ソリに積んである。

突然、うしろで叫び声があがり、つづく歓声にアムンセンは夢想からわれにかえった。なにごとかとふりかえると、ソリが三台とも停止し、ハンセンのソリにノルエーの旗がひるがえっている。88度23分を越えたのだ。人類はじめての記録は、いまこそアムンセン隊によって樹立された。

「この旅の全体をつうじて、私はこの瞬間ほど感動したことはない。涙があふれにあふれて、とどめようもなかった」(アムンセンの手記から)

極地の服装のギスチング隊員

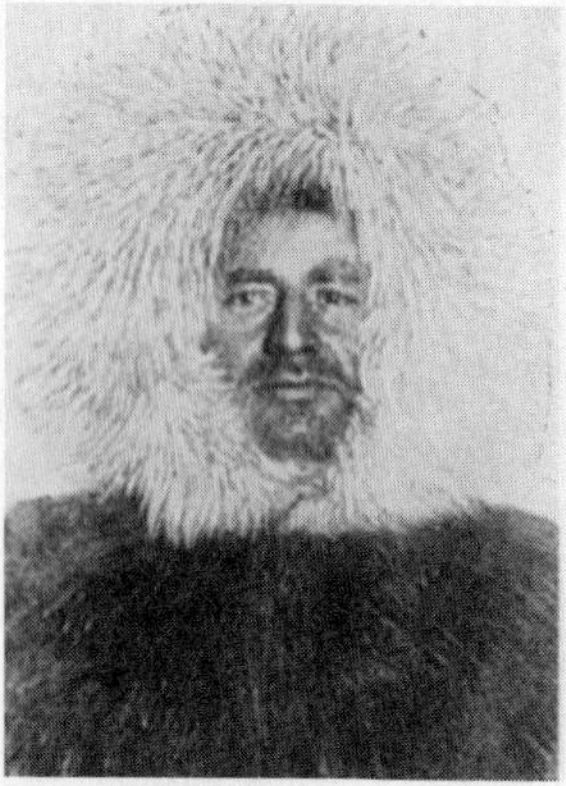

極地の服装のハッセル隊員

先導の位置からソリのところまで、涙をぬぐって興奮をしずめながらもどったアムンセンは、仲間たちみんなと握手しあい、成功を祝った。いよいよ次の目標は、最後の決勝点——南極点である。

最後のデポ

アムンセン隊はさらに五、六キロすすんだ88度25分のところでその日の野営地（キャンプ）とした。

天気は快晴となり、気温は零下一八度だが、直射日光のてりつけるテントの内部は暑いくらいである。そしてここを最後のデポ、つまり第一〇デポとして荷物を整理するため、あくる一二月八日は休息とした。

ハンセンのソリ犬たちは実に立派で、これだけ走ってきながらびくともしない。ほかの二組の犬はかなり弱っていたので、その二台のソリから各五〇キロをおろし、約一〇〇キロの食糧が帰路のためにデポされた。主としてビスケットと犬のペミカンである。極点までの往復あと三百数十キロのために、ソリには一カ月分の食糧が積みこまれた。これは十分な余裕を見こんでいるので、帰りにもしこの第一〇デポを見失っても、第九デポまでらくに行けるだけの量がある。

デポを見失わないために、例によって進行方向に直角に（つまり東西に）〝防衛線〟を張った。ここの目印には、黒い荷箱をばらした木片六〇個をデポの両側に一〇〇歩間隔で立て、東側の木片にだけ印をつけたので、これをみればデポのどちら側にいるかすぐわかる。

猛吹雪のなかを何日も突きすすんだあと、二、三日つづいた暖かさのために、隊員たちの顔はさんたんたるものになった。とくにひどいアムンセン・ヰスチング・ハンセンの三人は、凍傷のあと顔の左側が化膿して炎症でふくれ、ウミや血清だらけになって、もう家族が見てもわからないほどだ。

この最後のデポから極点までは、さらに帰路を確実にすべく、三・七キロ（二地理マイル）*ごとに雪の塔の標識をつくることにした。これまでの塔より小さくて一メートルほどの高さだが、このあたりの雪原は非常に平坦で見通しがいいので、ほんのちょっとした出っぱりでもすぐにわかるのである。

その前夜

一二月九日。晴れ。零下二八度**。南風。このあたりの雪は氷化したところがあまりなくて、しかもほとんどまったいらなので、二メートル近いテントの柱でも真下へ突きさすことができた。行進は予定どおりにはかどり、この調子だと一二月一四日にはゴールインできそうである。

そろそろ隊員たちの話題が「イギリス隊はどうしたか」という関心に移りはじめた。つまり極点一番のりは本当に自分たちノルエー隊になるかどうか、という心配だ。ゴールインしたとき、そこは人跡のまったくなにもない雪原か。それとも……。いや、まさか。これだけのスピードでやってきた自分たちより、スコットたちのほうが早いなんて、そんなことは不可能だ。でも、しかし、万が一ということもあるし……。

あるとき、ビョーランのソリのそばをアムンセンが走っていると、ビョーランが言った。――

「ウロアのやつめ、いったい何をかぎつけてるんですかね」

ウロアとは、ビョーランのソリ犬の名である。

「しかも、おかしなことに南の方向に鼻先を向けているんです。まさか、とは思いますがね」

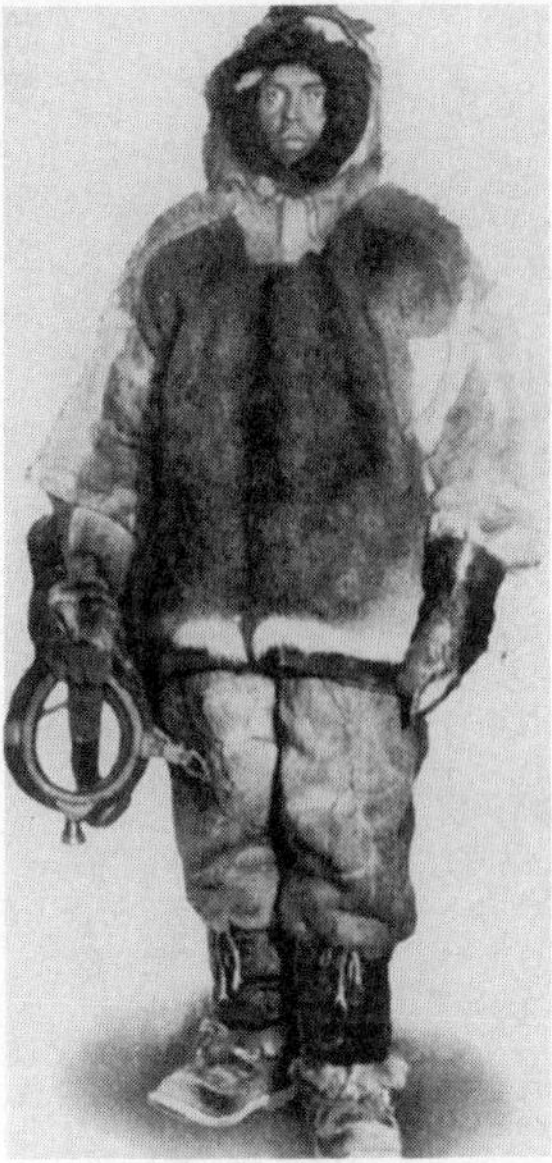

極地の服装のビョーラン隊員

まさかイギリス隊が匂いを送ってくるんじゃないだろうか、という不安である。このおかしな態度を示す犬はほかにも四匹いた。

一二月一〇日。晴れ。零下二八度。弱い南東風。

一二月一一日。晴れ。零下二五度。南緯89度15分を通過。

一二月一二日。快晴無風。南緯89度30分着。

一二月一三日。午前中晴れ。午後にわか雪。南緯89度45分で野営。いよいよ明日は極点ゴールインまちがいなしだ。その夜のテントのなかは、まるで大きなお祭りの前夜みたいだった。再び絹の国旗がもちだされて、スキーの杖二本にしばりつけられる。

アムンセンは、夜なかに何度も目が覚めた。生涯で最良の日が、もうじき明けようとしているのだ。小さな子どものときの、クリスマス＝イブの前のような気分を思いだした。いったい何ごとが起きるんだろう、という不安と喜びに胸をおどらせたころの懐かしい日……。

南極点に立つ——一九一一年一二月一四日午後三時

一二月一四日の朝は、まるで極点初到達を祝福しているかのような最高の天気で明けた。朝のしたくはつねに早いとはいえ、今朝の五人はそれ以上に特別早く朝食をすませ、テントをたたんだような気がした。

いつもの順序の隊列で一行がすすむうちに、午前一〇時ころから薄雲がひろがり、正午の天測はできなかったが、非天測推定では89度53分だった。あと7分で90度（極点）だ。

ついに南極点に立つ（ギスチングとその犬ゾリ隊）

前方になにか見えないか、とくにイギリス隊の何かが見えはしないかと、とりわけ先頭のソリのハンセンはけんめいに首をのばして注視しながら進んだが、見えるのは果てしない雪原ばかり、あのおかしなしぐさをした犬たちも、もう極点への関心（?）を示さなくなっていた。

午後三時。「とまれ！」という声が三台のソリの御者たちからほとんど同時にあがった。ソリにつけている距離計が、いっせいにゴールインの数値を示したのだ。非天測推定の極点、つまり南緯90度。アムンセンはこのときのことを手記で次のように書いた。――「決勝点（ゴール）についた。旅は終わった。〝わが生涯の目標が達成された〟――といえば効果的表現になろうが、私にはそうはいえない。それではあからさますぎて、むしろ作り話めくだろう。私は正直に告白するが、このときの私ほど、自分がゴールを望んだ地点とは正反対の場所に身を置いた者がかつてあっただろうか。北極周辺、いや北極点そのものこそが、私の少年時代からのあこがれだった。それがいま南極点にいるのだ。これほどさかさまなことが世に想像できようか」

ひと息ついた五人は、われにかえると一つにかたまり、力いっぱい握手をかわして成功を祝った。アムンセンという強力な指導者のもとに、いまこそ人類史に輝く一頁が、五人のたぐいない団結と勇気によって達成されたのである。五人は感動のあまり言葉も少なく、ただその力をこめた握手に、たがいの気持ちを伝えあうのだった。

ついで儀式に移る。ノルウェーの旗をかかげなければならない。（まだ「国連」はない時代だ。）アムンセン隊長は、ここまで命をかけて苦闘してきた仲間たちに、この旗を隊長一人ではなく、五人でともに立てよう、と言った。その真心をみんな喜んで受けいれる。風雨にさらされ、凍傷でいためつけられた五つの手が旗竿をにぎり、波うつ旗はゆっくりとあげられ、南極点に立つ人類初の旗としておごそかに立てられた。そしてこの雪原は「ホーコン七世高地」と命名された。

成功祝い

儀式が終わると、たちまち現実のきびしい探検生活にもどる。ハンセンは自分の組の犬のうち「ヘルゲ」をあの世ゆきにしなければならなかった。ヘルゲはこの組の模範のような立派な犬だったのに、極点直前から急にだめになって、到達したころにはほとんど使いものにならなくなっていたのだ。ヘルゲの死体は犬のエサとして分解され、数時間後には歯とシッポ以外は消えてしまった。

ところで犬は一八匹いたのだが、ヘルゲのほかにもう一匹が一週間前にいなくなっている。やはり実によい犬だったが、このころ衰弱しきっていて、キャンプしているあいだに行方不明になった。結局のこった犬は一六匹になり、ソリをここで一台すてる予定だから、帰りは二台を一六匹でひくことになる。

この日の夜のテントは、いうまでもなく大宴会となった。とはいうものの、シャンペンだのブドウ酒（ワイン）だのが出るわけにはゆかぬ。いちばんのごちそうはアザラシ

南極点での観測活動

の肉ていど。問題は「まつり」の気分ということになる。アムンセンはパイプ＝タバコを食後に一服するのが何より好きだったが、このきびしい極点遠征の旅ではそれもやめて、五人とも吸っていない。ただ極点到達の記念に、みんなが持ち物に「一九一一年一二月一四日、南極」と書きこんだり刻んだりしているとき、アムンセンもブライアのパイプ*だけは持っていたので、それに「南極」と刻みこもうとした。これは北西航路探検その他でいつも持っていて、主な場所の名が彫ってある。するとそのとき、ギスチングが固型タバコをひそかに持ってきていて、アムンセンに「極点で吸っているところを見たいから」と、成功祝いにさしだした。思わぬ贈り物に、アムンセンはとび上がらんばかりに喜んだ。「ギスチングときたら、すっかり私を甘やかしてしまった。それから毎晩、どんな天気のときでも固型タバコをきざんで私のパイプにつめる面倒なことまでやってくれたのである」（アムンセンの手記から）
テントの外では、太陽の沈まぬ白夜にはためく旗の音がきこえ、五人の陽気な語らいはいつまでも尽きない。

極点包囲

さて、この南極点は非天測推定値によるものだから、本当に正確な極点かどうかは、天測してみなければわからない。
まずは真夜中の午前零時の太陽による天測である。天気は上々になっていた。計算の結果は89度56分、つまり4分だけずれている。大差のないことに一同は満足した。そこで次の仕事は、この野営地を半径二〇キロ（直径四〇キロ）の円でかこむことである。これはどういうことかというと、測量値のズレによって生ずる誤差の結果、本当の極点を踏まないで帰ってしまうおそれをなくすため、誤差の可能性よりも大きな範囲でかこんで、真の極点をそのなかに「完全包囲」してしまうのである。
たとえばヒマラヤの未踏峰に初めて登頂するようなときは、山頂はとがったせまい部分だから、まちがって踏まずに下るということはめったにない。しかし南極は雪の大平原だから、理論上の極点は針の先のような点であっても、それを目で見てたしかめることができない。慎重にこの問題を考えるならば、アムンセンのような対策は当然ともいえよう。

とはいうものの、本当に円形を歩いていたら何日もかかるので、四つの方向へ放射状に半径を往復することにした。アムンセンは「かこむ」と表現しているが、これは「放射状におおう」とでもいう方が近いだろう。うち一本はすでにここへ来た線だから、あと三本を往復する仕事を、ビョーランら三人があくる一五日にやった。往復四〇キロだから、かなりの旅である。*

野営地に残ったアムンセンとハンセンは、さらに徹底的に現在地の正確を期するために、その日の午前六時から午後七時まで、一時間ごとに太陽の位置を測った。その結果、現在地は南緯89度54分30秒となったので、真の90度はすでに包囲したなかに含まれると判断した。**

しかしながら、まだ食糧もたっぷりあるので、この天測で得た「より正確な極点」まで約一〇キロを移動してみることになった。その前に、予定どおり三台のソリを二台にへらし、ビョーランのソリはキャンプに突き立てて目印にした。犬も分けられて、ハンセンとギスチングのソリを八匹ずつでひくことになった。これでビョーランは、ソリの御者組から先導組にはいったわけだ。

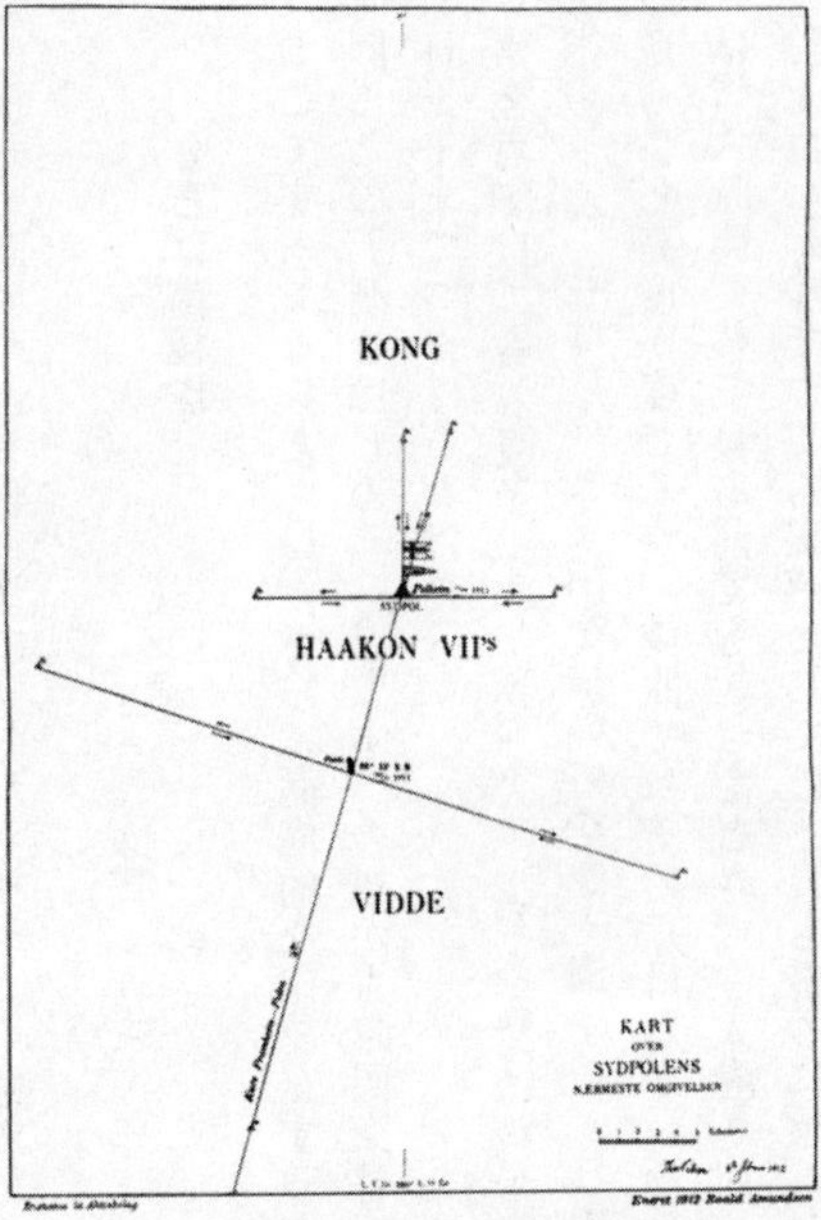

アムンセンによる南極点包囲図（ノルエー語の原書から）

一二月一六日も好天がつづいた。テレマーク＝スキー術*の名手たるビョーランは、この日の「真の極点への移動」という儀式のような晴れがましい旅の先導役をまかされ、その一〇キロを経線から少しもはずれないで立派に進んだ。真の極点には午前一一時につき、野営地に立てたソリがよく見えた。

さらば南極点

ここでアムンセンたちは、さらに徹底的な確認をするために、二四時間にわたって一時間ごとの天測をはじめる。二人ずつの組が六時間交替で、午前一一時半からあくる一七日正午までつづけるわけだ。

南極点では、もし夏至（北半球の冬至）であれば、太陽は二四時間まったく同じ高度（水平線上23・5度）のまま円を描いて空を一周する。この日はまだ夏至の一週間ほど前だから少し高度が変わるが、肉眼ではその差はわからないくらいである。アムンセンたちは、六時間交替で寝る前でも起きたときでも太陽が同じ高さに輝いているのを見て、理論上はわかっていても実感としてはとても奇妙に感じた。南極点でのこんな体験も人類はじまって以来ということになろう。

天測の結果、いまある計器類としては望みうる最も極点に近い場所と断定された。* それでも念をいれて、ここでまた半径七キロの放射線ぞいに三方向にむかって往復し、小さな「極点包囲」を実行する。

南極点に建てられた小型テントに最後の別れを告げる

かくて、やるべきことは全部すませた。一二月一七日の昼食は、いよいよ帰り旅に出発する前の祝賀会である。ビョーランはこのとき、すばらしい演説をぶって皆を驚かせた。おまけにそのあと、自分の荷にひそかに入れていた葉巻きの一箱を出してくばったのである。極点で葉巻きタバコが吸えるなんて、これにはみんな大歓声をあげた。

昼食会のあと、出発準備にかかる。アムンセン隊は、もし隊を二つに分ける必要があったときのためにと、小型テントを予備に用意していた。これを極点に張って残すことになった。テントの中には二通の手紙を書いて入れた。一通はノルエー国王あてで、この極点到達成功の経過が書かれている。帰路もきびしい旅だから、遭難でもすれば報告できなくなるためである。

さてもう一通は、イギリス隊のスコット隊長あてだった。このテントを見つけるのは、極点第二着となるはずのイギリス隊であろうから、ノルヱー国王あての手紙を持ち帰ってくれるよう依頼する内容である。

そのほか、余分の計器類やトナカイ皮の寝袋なども残し、五人の氏名を書いた板を支柱にしばりつけると、テントの入り口をかたくしばった。いよいよ極点にお別れのときだ。アムンセンの手記には次のように書かれている。

「帽子をとってテントと旗に別れのあいさつをしたときは厳粛なひとときであった。それから旅行用の大型テントの方をたたみ、ソリに荷を積んだ。今や帰り旅が始まったのだ。故国にむかって、一歩一歩、一マイル一マイル、全行程が終わるまでの旅が。われわれはすぐさま自分たちのつけたソリの跡にのりいれ、それを逆方向へとたどっていった。みんな何度もふりかえり、極点のテントに最後の一瞥(いちべつ)をおくるのだった。かすみがかった白い大気が再び立ちこめ、やがて極点は、われらが小さな旗は、視界から消えていった」

〈X〉スコットの敗北

第一帰還隊四人が引き返す

ノルエー隊が帰路の旅についた一二月一七日は、イギリス隊一二人がベアドモア氷河の標高一〇六〇メートルまで登り、そこに「中氷河デポ」を置いた日にあたる。まだ氷河の半分しか登っていないのだから、ノルエー隊とは大差で負けてしまっているが、もちろんそんなことは知るすべもない。

スコット隊長はこのころになると、極点までいく隊員にだれを選ぶかに心を悩ませはじめる。隊員ならば、だれしもできれば極点に立ちたいと思っているだろう。しかし、そのうちの何人かは途中で基地に引き返さなければならぬ。その人選をするのは隊長の

ベアドモア氷河の中流付近（クラウドメーカー山麓）

ベアドモア氷河の上部にて（スケッチ中のウイルソン）

仕事である。

一二月二〇日、スコットは最初に帰る第一帰還隊四人の一人一人にそのむねを伝えた。この四人は二二日に引き返してゆく。アトキンソンを隊長格として、チェリー＝ガラード・ライト・コヘインである。

あくる二二日、一行はようやく氷河を登りつめ、ここに「上氷河デポ」をつくった。南極大陸の高原部に足をふみいれたわけだが、しかし極点まであと五四〇キロもある。

八人の隊になった一行は、一二月二五日に氷の上でクリスマスを祝った。ささやかなお祝いのごちそうが並ぶ。馬肉のぞうすい、ビスケットと干しブドウを溶かしこんだチョコレートスープ、干しブドウのプディング、熱いココア、キャラメル四つ、ショウガ菓子四つ。これが「特別料理」だった。いつものペミカンとビスケットもむろんある。

この日の昼間、ラシュリーという隊員がクレバスに落ちて九死に一生をえている。しかしそれも冗談の種になるほどの、楽しい氷上のクリスマスであった。

水兵エバンズのけが

一二月三一日。イギリス隊は大高原を南緯87度までやってきた。あと極点まで3度。

かくれたクレバスを探りながら進むスコット隊（これはポンティングの写真だが、極点遠征隊のものではないと思われる）

ここにデポをつくって「3度デポ」とした。

スコット隊長の極点遠征隊には加わらなかった隊員で、のちに手記を出した写真係のポンティングによれば、アムンセン隊はこの前日に逆に北へと帰路をたどって同じ87度線を越えているため、両隊はここで約一〇〇マイル（一六〇キロ）を隔ててすれちがったことになる。たがいに気づくよしもないものの、舞台全体からみればかなり近距離での劇的すれちがいともいえよう。

この日スコットは、氷河の走行でいたんでいたソリを改造する命令を出す。その作業中に大男の水兵エバンズが手にケガをした。このケガは、普通の土地ならばなんの問題もないようなものだった。しかし、南極大陸は普通の土地ではない。ちょっとしたことがのちのち重大な影響をおよぼすことになる。

南極には細菌がないので、ケガの部分に破傷風その他の危険な病原体がはいるおそれはない。しかし、それに劣らぬほど危険なものが凍傷だ。ケガで破れた皮膚が寒気にさらされると、あっというまに凍傷になる。それはたちまち肉をむしばみ、ひどい痛みをともなう。痛みは不眠のもととなり、疲労のうえに疲労を重ねる結果をもたらす。身体全体が弱りはじめ、ついには精神までむしばんでゆく。こうして、なんでもない小さな傷であっても、南極では命にかかわることになる。

しかし水兵エバンズは、おそらく極点隊からはずされないようにと傷を隠していたか、あるいは「何でもない」と言っていたらしい*。

一月一日。新年（一九一二年＝明治四五年）といっても、いつもと同じような行進があるだけだった。新年らしいことといえば、出発が九時半でいつもより遅いことと、特別にチョコレートの配給があったていどだ。極点まで残すところあと三一五キロ。

一月二日。一行はトウゾクカモメを目にした。海から一〇〇〇キロも隔たっているのに、スコット隊のなにを求めて飛んできたのだろうか。カモメは三〇分ほどかれらの周辺にいてから飛び去った。糞が透明だったという観察記録が残っている。

最後の人選

スコットはいよいよ最後に極点に向かう隊員の人選をしなければならない。だがここで、隊長としてじつに良くない決断をする。ケガをしたエバンズが選ばれたことはすでに書いた。エバンズは体が大きくて力も強かったので、それに惑わされたのであろう。しかし、もっとおかしなことは、極地行きの隊員を五人にふやしたことだ。五人を年の順に並べてみよう。

スコット（四三歳）・ウイルソン（三九歳）・エバンズ（三七歳）・オーツ（三二歳）・バワーズ（二八歳）。

スコットは当初四人の隊を考えていた。ところが最後の段階で若いバワーズを極点隊に加えたのだ。スコットは一二月三一日にバワーズを含む二班にスキーをおいていくように命じている。これはスコットがバワーズを帰還隊の一員と考えていたからである。それがどたん場でなぜ急にバワーズを加えて五人の隊にしたのだろうか。バワーズはたしかに若くて力も強かったが、それならばケガをしていたエバンズを削ればよかった。極点隊を五人にしたことでいい結果が生まれそうなことはひとつもない。四人用のテントに五人寝てきゅうくつになる。バワーズはスキーを置いてきたので一人だけスキーなしで行かねばならぬ。五人分の料理を作るとなると三〇分よけいに時間がかかる。ということはそれだけよけいに燃料を消費することにもなる。また三〇分早く起きるか、あるいは三〇分早目にその日の行程を切り上げる必要もある。何より重大なことは、食糧全体の量が、一人ふえただけ相対的にへった点だろう。

不都合はまだある。たとえば五人分の荷物を積んだソリは重心が高くなって、ひっくり返りやすくなった。要するにそれまでの隊員の行動はすべて四人単位で行なってきたのだ。四人で行動するというやりかたがみんなの体にしみ込んでいる。ソリを引くとか、テントを張るとかいった極地旅行の日常のちょっとしたことも、四人なら滑(なめ)らかに行動できるのに、五人だと肩がふれ合ったりして、行動がぎこちなくなる。結果として、五人に人数を増やすことで総合力が上がるどころか、かえって行進のスピードを落とすことになった。それでもあえて五人にしたのはなぜだったか。

この決断について書かれている一月三日のスコットの日記には、とくに理由にふれられてはいない。のちのチェリー＝ガラードの分析（『世界最悪の旅』）にしたがえば、スコットは一人でも多くの人に極点を踏ませたかったのである。ここまでがんばってきたのに、基地に帰すのはかわいそうだという考えが入ったのであろう。

これはしかし、けっして理性的な考えとはいえない。かなり情緒的だ。こうした考えは、ふつうの土地ならとくに問題はないだろう。しかし、冷酷きわまる条件の極地では通用しない。それは、ちょっとした傷が凍傷になり、やがて命をも脅かしはじめるのと同じようなだれ現象を引き起こす。アムンセンが八人を五人にへらすという「最良の決断」を下したのと正反対に、スコットは四人を五人にふやすという「最悪の決断」を下したわけである。

こうして、エバンズの傷と隊長の情緒的な決断というふたつの新たな致命的な欠陥を加えて、スコット隊は極点に向かって最後の行進を始めた。「五人」という数では、くすしくもアムンセン隊と同じになったわけだが、根本的に違うのは、アムンセン隊が基地出発当初から五人の精鋭だったのに対し、スコット隊は最後の「あとわずか3度たらず」になって五人にへった点であろう。なにしろ基地出発当時は一六人だったのだから。しかもこの五人は「四人からふやした五人」なのである。

なお、スコットが「一人でも多くの人に極点を踏ませたかった」としても、なぜ「五人目」として特にバワーズを選んだかについて、北村泰一*氏は次のような見方をしている。

「一人でも多く、という理由だけなら、当然エバンズ大尉（当時。のちに少佐）が五人

最後の高原部に達して野営をするスコット隊

目になるべきで、バワーズがこの対象になる理由はなかった。それに、エバンズ大尉自身も最後まで極点に行きたい希望をもっていた。（帰還の途中、壊血病にかかり九死に一生を得たことを考えると実際には行けなかったが。）しかし、エバンズ大尉は副隊長であり、スコットの留守を守るべき立場にもあるが、それなら初めから計画としてそうあるべきであるのに、エバンズ大尉が極点隊に加われないことが明らかになったのは一月三日、最終帰還隊が帰らねばならない日の前日であった。だから、『一人でも多くの人に極点を踏ませたかった……』は、四人→五人への変更の第一の理由ではなかったと考えられる。*

結局、五人目をバワーズにしたのは、それなりの理由があったと思える。つまり、バワーズの能力を買って、スコットは是非バワーズを極行進につれてゆきたいと考えたに違いない。それも、その決心は、最終帰還隊が帰る時になってやっとついたので、前々からそうきめていたわけではなさそうである。その証拠に、バワーズは自分のスキーを一つ前のデポにおいてきたので、四人がスキーをはいて行進する中で、バワーズ一人がスキーなしで歩くはめになったことからもわかる。バワーズを最後のドタン場になってやっと極行進に加える決心がついたという事実は、スコットの性格の一面（優柔不断、または気弱）を暗示しているようで面白い。だから、『五人目』が加わったのは、『バワーズであるから』であり、万一バワーズが何かの都合で駄目であったら、スコットは四人で極へいっていたであろうというのが私の考えである」

第二帰還隊三人との別れ

極点隊と帰還隊の別れは一月四日だった。帰還隊はエバンズ大尉（水兵のエバンズと同名）を隊長に、クリーンとラシュリーの三人である。かれらは名残を惜しんで九キロ*も極点隊を送っていった。クリーンは泣いていた。スコットの日記には、「（エバンズ大尉は）たいへん失望していたようだが、男らしくそれに耐えていた」と書かれている。

人力によるソリ引きが毎日つづく。この写真の４人はスキーをつけているが、撮影者のバワーズはスキーがない

広漠たる雪原のうえでの別れはつらく、名残はつきない。ふたつの隊はイギリス軍隊の伝統に従って、三度声を交わしあって別れた。

こうして極点隊は最後の五人となった。アムンセンに完敗していることも知らぬ五人の士気はきわめて高く、スコットも先を急いでぐんぐんと一行を引っ張っていった。

ここで極点隊五人の紹介をしておく。スコットの経歴についてはこれまでに出てきたから、ここではその性格を簡単に見てみよう。スコットには怒りっぽいとか、きまぐれとか、小心とかいった欠陥があったことは事実である。ユーモアの得意なはずのイギリス人にしては、それが乏しかったこともしばしば指摘されている。しかし一方では誠実さ、責任感の強さ、困難に立ち向かう勇気といったよい性質もあった。それが最悪条件の旅を通じてリーダーであり続けさせたのだといえよう。かれは同時に、アムンセンとは別の意味で、より俗世間的な野心家でもあった。その野心は今やただ一点、人類で最初に南極点に立つことに向けられていた。目標に到達する日が間近に迫っている。スコットの心がはやるのも無理はなかった。

ウイルソンはもともと動物学者だが、最も円熟した人格の持ち主だった。ウイルソンがいなかったらスコット隊はうまくまとまらなかっただろうといわれている。百科全書的な広範な知識を持ち、みごとな絵や文章をかき、つねにユーモアを忘れない。誰からも愛され、慕われていた。

「探検とは知的情熱の肉体的表現である」とは、ウイルソンと共にペンギンの営巣地へ冬の旅をしたチェリー＝ガラードの名言だが、ウイルソンはまさにこの言葉を体現している人物だった。チェリー＝ガラードはウイルソンと接したことで、この「探検の定義」に思いあたったのかもしれない。

オーツ。騎兵隊の士官で、馬をこよなく愛するやさしく、同時に勇敢な人物。暴風圏の航海で苦しむ馬を、一晩中抱きかかえていたという逸話が残っている。これは自己犠牲の見本のようなものだったが、探検の最後にさらに英雄的な自己犠牲精神を見せてくれることになる。

バワーズ。身長が一六二センチしかない小柄な身体に、一〇二センチの胸囲を誇る頑健そのものの身体の持ち主。インドでの軍隊勤務のあと南極にやってきた。インドの酷暑も南極の酷寒も、バワーズにとっては生まれ故郷の気候のように簡単に適応してしまう。そもそもバワーズはテラノバ号の高級船員としてこの探検隊に参加したのだが、その稀にみる適応力を買われて上陸隊に選ばれ、さらに極点隊まで食い込んでしまった。ソリ旅行の食糧・装備などの手配一切の責任も持っていた。

エバンズ。極点隊でもっとも大きくて、もっとも力の強い男。不運にも手にケガをして思うような活躍はできなかった。エバンズは五人のなかでただ一人の兵卒である。ということは、階級制度のはげしいイギリス社会では、他の隊員とは一段違った位置におかれることを意味する。どのくらい違うかは、探検が終わったあと遺族が受けとった金額が示している。スコット未亡人の八五〇〇ポンドに対して、エバンズ未亡人は一二五〇ポンドに過ぎなかった。要するに、エバンズは隊のなかの下働きだったのだ。

五人の極点隊は一日に平均して二〇キロ近い距離を進み、一月一〇日には最後の「1度半デポ」を築いた。あと南極点まで緯度で1度半、一六七キロである。

アムンセン隊の足跡を発見

一月九日にスコット隊がシャクルトンの最南到達地点を越えたとき、その日の日記にスコットは原文でほんの二行たらずこう書いている。

「これで八八度二五分（最南地点より南）に達したはずだ」

そこにはなんとなく遠慮がちな調子がみられる。アムンセンの記述と大違いだ。スコットはそのときシャクルトンよりもアムンセンのことを考えていたのではなかろうか。極点が日に日にせまってくるにつれ、スコットの頭にはこの好敵手のことがいやおうなしにちらつくようになった。アムンセンはいったい今どこにいるのだろうかという疑問が、浮かんでは消えた。

極点に近づくにつれて雪面が悪くなり、砂のようにざらざらしてソリが思うように滑らない。みんな最後の力をふりしぼってソリを引いた。バワーズはスキーをつけていないにもかかわらず、期待通りの働きをみせた。しかしそんなときにも、疑心暗鬼が頭を持ち上げてくる。明日にも極点に達するという一五日のスコットの日記。

「われわれより先についたノルエーの国旗を見せられるというゾッとするような可能性

アムンセン隊のテントを発見したスコット隊（左から、スコット・オーツ・ウイルソン・エバンズ）

がある」

このスコットの記述は、その翌日のことをそのまま予言していた。

一月一六日。船員の鋭い目を持ったバワーズが、はるか雪原のかなたに異物を見つける。それは人の手によって積み上げられた雪の塚のようにも見え、また自然の風によって作られたサスツルギのようにも見えた。

近づくにつれ、しかし、それは自然のものではなくて人工物だということがはっきりしてきた。たしかに最近極点を訪れた人間がいたのである。すぐそばには黒い旗をくくりつけた棒も立てられている。もう疑う余地はない。ノルエー隊に先を越されたのだ。あたりにはスキーや犬の足跡も見つかった。一同は大きな衝撃を受ける。そんななかで、冷静さを保っていたのはウイルソンである。かれはスケッチブックを取り出して、黒い旗と雪の塚を絵にした。ウイルソンが描いた雪原の黒い旗は、酷寒の風にはためき、心なしか寂しげにみえる。

一行はこの日その地点で野営した。

南極点での絶望――一九一二年一月一七日

翌一月一七日、一行は南極への最後の行程をたどる。もう道を探す必要もなかった。皮肉なことにアムンセン隊の足跡がはっきりとついていて、立派な道案内をしてくれるのだから。

この日は気温が特に低く、マイナス三〇度を記録した。風も真正面から吹きつけてくる。自然までが祝福を拒否しているかのようだ。しかし、スコット隊にはまだやらねばならぬことが残っている。それは、アムンセンが確かに南極点に到達したという確認をし、その証拠を世界に告げる役目だ。屈辱的な役割だが、やらざるをえないことの第一であった。それに万が一とはいえ、極点をアムンセンがはずれているかもしれないのだ

南極点の野営地に立つ５人。左端のウイルソンはひもでカメラのシャッターを引っ張っている。その右へスコット・エバンズ・オーツ・バワーズ

から。そのためには、まず正確な天測をしなければならない。厳寒のなかでの天測はなまやさしいものでなかった。みんな多かれ少なかれ凍傷にやられている。

　そんななかで、スコットの失望はとりわけ激しいものだった。一七日の日記の初めに書かれている「極点」という字は日記の一行いっぱいの大きな字になっているが、それには手が震えた跡がある。かれの筆跡は、その死にいたるまで実にしっかりとしているのだが、さすがに極点においては心の動揺を隠せなかった。ウイルソンの日記の筆致がどんなときでもたいへんに冷静なのにたいし、スコットの極点での日記は、ほとんど感情をむきだしにしたペンをつづける。――「そ

う。だが期待とはまるで違った状況のもとにだ。……何ということか*！ ここは恐ろしい土地だ」

希望の土地が一転して絶望の土地になったのである。かれはまた、帰り道についても大いに危惧（きぐ）している。自然が猛威をふるうなかで、一四八〇キロにわたる単調なソリ引きをしなければならない。いったいそれができるのかどうか、スコットはその疑問をそのまま日記に書いた。指揮官が絶望したり自信をなくしたりすると、その隊は危機に陥る。極点でスコットはその瀬戸ぎわに立っていた。スコットは日記にありったけを書くことで、絶望感を他の隊員に気どられないようにしていたのかもしれない。

正確な極点を決定する天測のための野営地では、最後のチョコレートが配られた。ウイルソンが持ってきていたタバコもまわされた。極点に立ったお祝いらしいものはそれだけだった。

こうしてスコット隊は、極点初到達レースに三四日もおくれて第二着となった。

「哀れなユニオンジャック」

翌一八日は、正確な極点さがしである。前夜のキャンプ地から南東に七キロほど進み、

「哀れなユニオンジャック」とともに南極点での記念撮影
（左から、オーツ・バワーズ・スコット・ウイルソン・エバンズ。バワーズがシャッターのひもを引っ張っている）

そこを「極点キャンプ」として「哀れなユニオンジャック（イギリス国旗）*」を立て、雪の塚を築いた。このことば（poor slighted Union Jack）はスコットの日記からの引用である。もしスコット隊が一番乗りをしていたのであれば、そのイギリス国旗は「輝けるユニオンジャック」であり、「誇り高いユニオンジャック」にもなっていただろう。そのあとさらに天測をして〇・九キロ南東に進んだところをスコット隊の最南地点とし、イギリス国旗もそこに移した。

その日の午前中に、ノルヱー隊の最南野営地に出合う。そこにはノルヱーの国旗とフラム号の旗が立ち、小さなテントが残されていた。中にはアムンセン隊の隊員五人の名前をしるした板があり、ノルヱー国王にあてたアムンセンからの手紙もあった。アムンセンはその手紙の配達をスコットに依頼している。これをひきうけるのは第二着となった者の義務であり、宿命でもあった。テントの中にはほかにたくさんの品物も残されていた。寝袋・靴下・皮の上着・経緯儀・水平儀・アルコールランプ・壊れた魔法瓶など。ウイルソンはそのなかからアルコールランプをもらった。治療用に使おうと考えたのだ。ここでも彼はスケッチの手を休めない。

スコット隊の極点キャンプから〇・九キロほど離れたところに、ソリの滑り板に黒い旗をつけたものが立てられていた。アムンセンが定めた南極点である。アムンセンもまた、極点の決定にさいして実に厳密だったことを知らされる。ウイルソンはその黒い旗と、そこにあったアムンセンの書き付けを証拠にもち帰るべく取りはずした。

ここまでやれば南極点ですべきことはもうない。あとはひたすら基地へと引き返すばかり、一四八〇キロのなんの喜びもないソリの旅が前途に待ちうけている。

〈XI〉アムンセン隊の大団円

快調の帰り道

イギリス隊が極点で絶望感におちいっていたころ、アムンセン隊がどうしていたかを、かんたんにふれておく。

極点をあとにした一二月一七日は、夏らしいおだやかな風がふいて零下一九度、天気までがノルエー隊を祝福しているかのようだった。帰り道には、広大無辺の雪原で雪のケルンがたいへん役立つ。太陽が当たると灯台のように輝き、逆光だと濃い影が黒いかたまりになって、非常な遠くからでもよく見えた。

一行はその気になればもっと速く走れたのだが、犬が過労にならないようにと、一日

アクセル＝ハイベルグ氷河のそばにそびえるドン＝ペドロ＝クリストフェルセン山

約二八キロと決めた。しかしこれではわずか五時間で走ってしまうので、休息時間が長くなって困るほどだった。クリスマス＝イブは南緯88度の少し手前でむかえ、一二月二八日に最も標高の高い位置を通過してゆるい下り坂になる。風向きがいいのでソリに帆をつけ、スキーも快調に滑り、このころから犬はむしろ太りはじめた。食糧が豊富なので、人間もペミカンの一日割当量をふやして十分に食べた。

一二月三〇日、南緯87度を通過して「悪魔の氷河」に近づく。たいへん見晴らしがいいので、この氷河は登るときよりも歩きやすいルートを選んで、新年（一九一二年＝明治四五年）の一月二日には第九デポに下った。このデポの位置とは二四キロほど離れた地点を通ったので、一台のソリをからにしてデポまで食糧をとりに往復している。このあたりは、登るときは悪天候で周囲がよく見えなかったが、下りは好天つづきで壮大な山岳景観を満喫できた。

一月四日、重要な「肉屋さん」デポ（第八デポ）に到着。なぜ重要かというと、ここに大量の犬の死体がデポしてあり、その生肉が犬たちの健康にとって重要な役割を果たすからである。

極点を一六匹で出発したアムンセン隊は、ここに着く途中にすでに四匹を失い、一二匹になっていた。この四匹はいずれも急に衰弱して任に堪えなくなったため射殺されたのだが、そのたびにただちにきざまれて犬のエサにされた。この生肉が犬たちに目にみえて大きな力を発揮させることがわかったので、「肉屋さん」デポの犬の肉は、これからあとの長旅を確実にするために大きな意味があった。

まわりの山から大なだれが落ちつづけるアクセル＝ハイベルグ氷河は、急な下り坂なので、ソリにブレーキをとりつけなければならなかった。このころから走行距離を一日おきに交互に二倍にした。つまり六時間眠っては二八キロ走るのを一日二回やって五六キロ走る日と、一日で二八キロの日と。

大氷床に下り立ったのは一月六日午後一一時。ここを一一月一七日に登りはじめた日から五一日ぶりだった。犬の数はぴたり計算どおりの一二匹で帰りついたことになる。

大氷床のオオトウゾクカモメ

こうしてアムンセン隊は、往路でつくった食糧デポをすべて利用しながら帰りつづけ、ロス海の大氷床を走りはじめたときはソリに三五日分を積んでいた。このほかに緯度1度（一〇〇キロ余）ごとにまだデポがある。また地面の出ているベティー山に再び登って採集した岩石標本も積みこんでいた。出発直前に、息切れのはげしくなった犬を一匹殺さざるをえなくなり、これも他の犬のエサとなって、結局最終的には一一匹で二台のソリをひいたことになる。

大氷床のデポにはすべてアザラシの生肉があり、もし帰路に壊血病になったときはこれが有効な働きをするよう配慮されていた。しかし五人はみんな健康なので、このアザラシ肉は食卓に変化をつける役割を果たすていどだった。

ロス海にはいってからは風が北西に変わり、気温も上がって濃霧の日が多くなった。零下一〇度から八度で雪もよく降り、深い新雪でスピードはややにぶった。しかしハン

オオトウゾクカモメ

センのすばらしい視力は、悪天候でもよくケルンを発見し、着実に帰路をたどる。ここでも一日おきに二八キロとその二倍の距離とを交互に走る方法で進んだ。

一月九日、84度26分のケルンにいたときのことである。二羽のオオトウゾクカモメ*が突然あらわれ、五人の頭上をまわってからケルンにとまった。帰途の旅で初めて生きものを見たのだ。それは隊員たちにとって新鮮な驚きで、アムンセンの手記は「ここを読む人には、これでどんなにわれわれが大きな感銘をうけたか想像もできまい」と書いている。

一月一三日、南緯83度の第四デポ。ここで犬の足跡を発見。往路で逃亡した三匹ではないかと推定される。

一月一六日、南緯82度の第三デポ。去年の秋にデポ作戦をやったときのいちばん奥のデポに当たる。これは犬たちにすっかり荒らされ、食糧もほとんどなくなっていた。つまり、スコット隊が極点をさびしくあとにした一月一八日には、アムンセン隊はすでに前哨戦で到達した線を越えていたのであった。

基地への凱旋

一月二一日、南緯80度の最後の大デポ（第一デポ）に帰着。もうほとんど旅は終わったようなものである。ここにはプレストルド隊の三人も留守中に寄っていて、アムンセンあての書き置きなどがあった。

最後の、フラムハイム基地へ帰還するところは、アムンセンの手記から直接引用しよう。――

まずきいた。「フラム号は来てるかね？」すべて予定どおりという答えに、われわれは歓喜した。「で、南極点は？　行ったんだろうね？」――「もちろんさ！　でなかったらこうして会うこともできないはずじゃないか」

極地遠征隊５人が帰りついたときのアムンセン隊基地

勝手場（台所）のリンドストロム

それからコーヒーわかしが火にかけられ、ホットケーキのなつかしい匂いも立ちはじめた。雪原をかけまわるのもいいが、こうして家の中にくつろぐのもそれ以上にいいもんだなあ、とわれわれは語りあったものだ。極点遠征にかかった時間は九九日、行程はほぼ三〇〇〇キロであった。

白瀬隊、クジラ湾上陸

一月一七日といえば、イギリス隊が極点に到達した日であり、ノルェー隊はすでにロス海の大氷床を基地に向かって半分以上も走破しているころである。

この日、くすしくも日本の南極探検隊（白瀬隊）の開南丸が、ノルェー隊のフラム号とクジラ湾で交歓訪問をしていた。

Ⅱ章の最後（三九ページ）で述べたように、日本からも白瀬中尉のひきいる南極探検隊が一九一〇年（明治四三）一一月末に東京・芝浦港を出発した。イギリス隊のテラノバ号がニュージーランドを出航し、フラム号はインド洋南端の南緯50度付近を東進していたころである。しかし郡司大尉*が千島で漁船に使っていた開南丸（一九九トン）ではフラム号などに抗しきれず、Ⅴ章の「馬か犬か」でのべたように、いったんオーストラ

アムンセン隊が撮影した日本の南極探検隊員３人

リアに引き返して次の夏の再起を待った。

白瀬隊長が南極をめざした動機には、アムンセンとたいへん共通するところがあった。鳥海山のふもと、秋田県金浦に白瀬矗（のぶ）が生まれた一八六一年（文久一）は、ナンセンの生年でもある。八歳のとき、近くに塾を開いていた佐々木節斎*の門下生になった。この人はフランクリンなどの北極探検のことも知っていて、西洋人の冒険精神を高く評価する話をよくした。これに刺激された白瀬は、一一歳のとき「北極探検をやりたい」と佐々木先生に言って驚かせる。その志は三〇歳代から千島探検などへと発展し、カムチャツカ半島も探検して、最終目標には北極点を考えていた。一九〇六年（明治三九）ごろから具体的計画を練りはじめている。

ところが一九〇九年（明治四二）九月、ピアリーの北極点初到達の新聞報道を見て、アムンセンと同様に大きな衝撃を受けた。少年時代からの夢が、実行直前に先をこされたのである。「他人に先鞭をつけられた失意と、それにともなう落胆との情が、こもごも自分の頭脳をなやませた」と白瀬は語り、「当時シャクルトンは南緯88度23分まで突進していたが、90度の極地は人類未踏である。この機いっすべからずと、ついに北極探検は断念して、正反対なる南極に突進せんと欲した」のだった。北欧のオスロで当時アムンセンがひそかにした決意とまったく同じ決意をした人間が、日本にもいたわけである。

こうして一九一一年一一月にオーストラリアのシドニーから再び南極へ向かった白瀬隊は、翌年一月一六日にロス海のクジラ湾に現れる。

開南丸とフラム号の交歓

フラム号は一月八日にすでにクジラ湾へ出迎えに現れた。しかし天候が悪化して氷にとじこめられそうになったので、いったん湾から外へ出て待機していた。

白瀬隊がクジラ湾の入り口へ現れた一月一六日、無人の氷海にポツンと漂うフラム号の奇妙な船影を見て、隊員たちは最初「海賊船か？」などと疑ったりしたが、まもなくノルヱー国旗を見てフラム号と知った。白瀬隊長らが上陸のための通路づくりなどしている間に、野村船長は翌一七日午前フラム号を訪問する。そして氷海専用につくられた四〇二トンのフラム号を見学し、そのすばらしさに驚嘆した。

その日の午後、こんどはフラム号からニルセン船長とプレストルド隊員が開南丸を答礼に訪問した。二人は船内を案内してもらったあと、別の意味で感嘆して言った。——

「よくまあ、こんな貧弱な船でここまでやって来たものですね。われわれだったら途中までも来れないでしょうに」

これは一面、日本隊の航海術の優秀さを示すものだという解釈もある。なお白瀬隊はカラフト犬を運びこんでおり、また北海道から二人のアイヌ民族が隊員として加わっていた。

アムンセンの手記には、「日本の友人たち」として白瀬隊についても書かれており、三人の日本隊員の写真も出ている。それによると、フラム号がクジラ湾を出航する日、大氷床の先端に立てておいた旗を回収にプレストルドが行ったとき、旗のそばにあるノ

アムンセン隊が撮影した白瀬隊の開南丸

大氷床と東のエドワード七世ランドとの接合点

ルエー隊の小テントを二人の日本隊員が調べていた。これはフラム号の来航を待機する見張り用のテントで、寝袋と石油コンロがあっただけだ。プレストルドが行くと、二人は「いい天気だ」とか「氷がたくさんある」とか言って話しかけてきたという。これはまあ日本式のあいさつ言葉なのだが、そのあとアムンセンはこう書いている。――

「プレストルドはこういう議論の余地のない当然の事実には大いに賛成したうえで、もっと知りたいことについて何か情報を得ようとした。日本隊が大氷床の先端にたてたテントにいるのはこのとき二人だけで、仲間の別の二人は気象観測に一週間ほど出ているとのことだった。開南丸もエドワード七世ランドの方へ出て行ったあとだった。船は二月一〇日までにはもどって、全員ひきあげる予定らしい。プレストルドは二人にフラムハイム基地への招待を告げ、早いほどいいと伝えたが、われわれの出発までに間にあわなかった。もしかれらがあとでフラムハイムへ行ったとすれば、だれがこの基地を利用するにしても快適なように整理してあったことを見てくれるはずだ」

白瀬隊は二八匹による二台の犬ゾリで一月二〇日に五人（この隊も五人！）の「突進隊」が奥地へ向かい、二八日の天測によれば南緯80度05分・西経156度37分を最南到達点として引き返した。

アムンセン隊やスコット隊には及びもつかぬ「最南到達点」とはいえ、敗戦後の日本がＩＧＹ（国際地球観測年）にさいして南極大陸（昭和基地）探究に参加できたのは、ひとえに白瀬隊の実績があったからである。日本型官僚には思いもよらぬ発想で行動した白瀬隊は、国際的には高い評価を得ていた。

いざ故国へ

アムンセン隊五人がフラムハイム基地へ帰った翌日（一月二六日）、見張りに出ていた隊員がフラム号の接近を知らせた。やがてエンジンの音がきこえ、マストの先端も見え、ついに接岸する。一年ぶりの再会である。船員たちはみんなほがらかにしていたが、アムンセン隊が極点到達に成功したのかどうかは、あんまり重大で切実な問題なので、だれも口にしないで遠慮していた。しかし一人がつい口にしてしまう。

「あそこへ行ってきたんですか？」

そのときの隊員たちの顔たるや、誇りと嬉しさに満ちあふれて、もう何ともいいようのない表情であった。船には故国からの手紙や知らせがたくさん待っていた。

一月三〇日の午後、フラム号は出航準備を終わった。まる一年余をすごしたフラムハイム基地につきぬ名残を惜しみながらも、隊員たちは故国へ向かう喜びでいっぱいだ。

フラムハイムに別れを告げるフラム号――「さらば南極」

船は満艦飾で出航を祝い、極点から帰った一一匹と基地にいた二八匹の犬が最後に乗船すると、ただちに出航のドラが鳴った。

クジラ湾の大氷壁は一年前にきたときと少しも変わらない。やがて開氷面に出ると、暗い青の海がひろがる。この暗い風景は、雪と氷ばかりで夜のない世界から出た者たちにとって大きな慰めになった。なにしろ雪めがねをしているか、悪天候でも少なくとも目を細めてばかりいた生活だったから。今や目をふつうに開いて、「まばたきもしないで」外を眺めることができるのだ。

流氷帯を無事に抜けたフラム号は、一路ホバートの港をめざした。オーストラリア南端のタスマニア島にある町である。乗組員を含めて全員二〇人は、南極圏を抜けた二月九日に再会の祝賀会をひらいた。出港のどさくさで、それまで忙しくて延ばしていたのである。やがて暴風圏も抜け、タスマニア島南端ですこし迷ったあと、三月七日にホバート港へはいった。

「水先案内はいりますか？　船長」

近づいたはしけからのこの一声が、文明世界からきいた最初の言葉だった。水先案内によれば、スコット隊については何の消息もないという。久しぶりに見る緑の草木。アムンセンの手記の最後は次のように終わる。――

「町に近づくと、港湾長や税関の役人・医者といったいつもの係が船にやってきた。医者は（伝染病のない南極からでは）自分のやる仕事などないとわかったし、税関の役人も（無人の国からでは）禁制品などありえないことを知った。いかりがおろされ、われわれはもう上陸自由であった。私は海外電報の電文を持って、港湾長と一緒の船で陸へ向かった」

〈XII〉スコット隊の悲劇

第二帰還隊の苦闘

アムンセン隊がフラム号で南極大陸をあとにしたころ、スコット隊の五人はまだ大高原を北へ行進中だった。それどころか、一月四日に別れたエバンズ大尉ら三人の第二帰還隊さえ、まだ帰路の半分を越えたあたりで苦闘していた。

ここで帰還隊の動きを追ってみよう。かれらもまたソリを引いて一二〇〇キロ前後の酷寒の道をたどらなければならなかった。

一二月に引き返した第一帰還隊四人のほうは、クレバスに何回も墜落して危機一髪の目にあいつつも、ともかく一月二八日に帰還した。しかし、第二帰還隊はもっと危険な

エバンズ大尉

目にあうことになる。かれらがもっとも苦労したのはベアドモア氷河の下りだった。

氷河の膨大な量の氷は大きな圧力を生みだし、その圧力によって表面はきわめて凹凸の多いものになる。そして氷河の規模が想像を絶して大きい南極では、その表面はまるで氷の迷路といった様子を呈する。そんななかで帰還隊は道を失い、クレバスに落ちそうになり、何回も命拾いをしながら下っていった。

しかし、本格的な危機はこのあとにやってきた。第二帰還隊の隊長エバンズ大尉が壊血病になってしまったのだ。歩けないために、ソリにのせられたエバンズ大尉の状態は最悪で、クリーンはエバンズが死んだと思ったほどだった。

結局、ラシュリーがエバンズ大尉のそばで看病しているあいだに、クリーンが単身で基地に助けを求めにいくことになった。これは極地においてはもっとも危険な賭けであ

ラシュリー隊員

クリーン隊員

る。犬もつれずに一人で極地を行動するのはほとんど自殺行為に近い。しかし、帰還隊にはもう選択の余地がなかった。

クリーンが五六キロを迷わず、クレバスにも落ちずに歩きとおせたのは奇跡のひとつでさえある。そして、救援隊が食糧の切れる寸前にエバンズ大尉とラシュリーのところにたどりつけたのも、もうひとつの奇跡だといっていい。ハットポイントの前進基地に第二帰還隊の全員がたどり着いたのは二月二二日だった。

ここで注意したいのは、帰還隊のこの危機がエバンズ大尉の壊血病に起因していることである。当時、壊血病の対策は一応わかっていた。ビタミンCという原理まではわからなくても、アムンセンが早くから実行していたように、生肉が有効だという対策はあったのだ。にもかかわらず、スコット隊は有効な壊血病対策をほどこさず、むざむざとこの危険な病気に副隊長がかかってしまった。ここにもスコット隊の致命的欠陥の一つがのぞいているといえよう。

希望なき行進の始まり

スコット隊の本隊に話をもどす。

帰路の初めのうちは追い風だった。アムンセン隊のこわれたソリの残骸を利用して柱をたて、調子のいいときはソリに制動をかけるほどの勢いで滑る。バワーズが日記に「愉快な帆走を楽しむ」と書くくらいで、一日に三〇キロ余りも進むことがあった。

しかし、自然はきまぐれである。ときにはソリがまったく滑らないザラメ砂糖のような雪の状態に見舞われたりした。極点に着く寸前に作った小さなデポを二〇日に通過して、一行はアムンセン隊の重苦しい心理的重圧からのがれたことにホッとする。帆柱も自分たちの竹を使って作りかえた。

サスツルギ

そんななかで、心配の第一は水兵エバンズの凍傷である。この大男から気力と体力がしだいに流れ出していくのを、スコット隊長も他の隊員も気がついていた。

しかし、調子の悪いのはエバンズだけではない。オーツの足にも凍傷がみつかった。またバワーズは背が低くて脚が短く、スキーを持っていないので同じ行進をしていても余計に体力を消耗する。そのため疲れの表情が目立ってきた。

ウイルソンの悩みは雪盲である。かれはなにかにつけて実にこまめにスケッチしてきた。そのたびに雪めがねをとって風景を見るので、とくに雪盲に侵されやすい。それでもウイルソンにとっては雪や雲・気象状況・風景などを観察することのほうが大切だった。知識欲こそがかれにとっては行動の源泉であり、そのためには苦痛をも厭わない。

スコットはそんななかでいちばん元気があり、力にあふれているように見えた。しかし日記などから推察すると、そのころのスコットの精神状態はひどく不安定で乱れていた。極点競争でアムンセンに後れをとったときの衝撃から立ち直ることがまだできないでいるのだ。

遥か北にある基地に向かって南極の高原を急ぐこの五人の隊に、ぬぐい去りがたい敗残部隊の影が漂いはじめた。

燃料の欠乏

一月二五日に、五人は「1度半デポ」に着いた。以後、3度デポ、上氷河デポ、中氷河デポ……と帰路を急ぐが、奥氷床デポに着いたとき(二月二四日)、食糧以外で重大問題が起きていた。燃料がどうも予定していた量よりも少ないのだ。これは、その後のデポに着くたびにぶつかる問題だった。いつも燃料が少なくなっているので、なぜかわからぬスコットは、「物資はことごとく不足していた。誰かの責任なのかどうかもわから

極点隊のテントの設営。二重の外側テントをかけるところ

ない」と、なじるようなことも日記に書く。

もちろん、帰還隊が割り当て以上の分量をデポから持ち去ったことはありえない。帰還隊はだれもが、極点隊のことを真剣に考えていた。食糧にしても、自分たちの取り分を少しでも減らして極点隊に残すようなことをしている。油を量るときも目分量などではなく、きちんと定規を当てて三分の一なら三分の一を抜き取るようにしていた。

にもかかわらず、燃料は奥氷床デポ以後どのデポでも少なくなっていた。なぜそうなったのか、その理由はこの時点でははっきりしなかった。しかしのちに推察はされている。燃料はブリキの缶に入れていた。口金はネジ式で、皮の座がねがついていた。この座がねが実はくせものだったらしい。寒さで変質して駄目になってしまい、なかの燃料が徐々に蒸発した可能性が強いのだ。*

燃料の貯蔵の問題はスコットの最初の南極行のときにも問題になっている。このときはコルクの栓で失敗した。その結果、こんどは金属製のネジ式に改良されたのだが、座がねでまた失敗である。しかも、それはスコット隊にとって致命的な要因のひとつになった。たかが座がねひとつが探検隊を危機におとしこむ。これも事前によく試験しておかなかったための失敗であろう。

ウイルソンの人柄

「ビル（ウイルソン）のまわりにはいつも何かしら安堵させるものがある。かれはよく逆境を打開してくれる」

こう書いたのはバワーズである。

「ウイルソンとバワーズが、何事につけても明るく毅然（きぜん）としている態度をもし万一うしなうようなことになったら、わたしはどうしていいかわからないだろう」

これは三月になってからのスコットの日記に出てくる記述である。

チェリー＝ガラードは「最良のソリ旅行者は、言うことやすることがみんな済んでからも、なおするべきことを見つけて片づけ、そのことを口に出したりしない人だ」というウイルソンの言葉を書きとめている。

実際のところ南極点からの恐るべき逆境の旅で、ウイルソンが果たした役割ははかり知れないものがあった。だれからも頼りにされ、しかも黙々と働くウイルソンは、さらに寸暇を見つけて絵筆をとり、記録をつけ、観察をしつづけた。

ウイルソン隊員

一行は「3度デポ」を一月三一日に通過し、二月七日にはベアドモア氷河の上部のデポにたどりつく。ちょうどダーウイン山のふもとにあたり、ウイルソンにとっては重要なところだった。この山は、それまでの南極大陸内陸部で化石が発見されたただ一つの場所として知られている。南極大陸の歴史を知るうえでもっとも重要な場所のひとつである。そんなところにいながら、いかに疲れているからといってウイルソンが黙って通り過ぎるはずはない。バワーズとともに、貴重な岩石の標本を一四キロも採集する。それはその後の困難な旅行のあいだもけっして捨てられず、死地となった最後の野営地まで運ばれた。この探検隊の科学的な側面を統率するウイルソンの人柄がはっきり示されるエピソードであろう。

死線をさまよう五人

ベアドモア氷河の下降にいたって、一行の疲労はもはや限界に達する。負傷していた手と顔の凍傷に苦しむ水兵エバンズはほとんど力尽きていて、ソリのかたわらを歩くのがやっとだった。指の爪がはがれてしまい、衰弱はすすむ一方で、治療にあたるのはウイルソンだが、できることはしれている。

そのウイルソンとバワーズはひどい雪盲にかかっていた。ウイルソンはスケッチや採集で、バワーズは天測とか道探しでしばしば雪めがねをはずして強い紫外線に目をさらしたからである。オーツの足も凍傷ではれあがり、足先が黒くなってきた。鼻と頬も死んでいるのが見ただけでわかる。

中氷河デポ付近の山（テントは往路のときのもの）

こんな状態で危険な氷河地帯を通過するのだから、行程がはかどるはずもなかった。巨大な氷のかたまりをやっとのことで越えたと思うと、目のまえに大きなクレバスが口を開けていて、延々と迂回させられることなどしばしば。完全な迷路に捕らわれてしまい、その日にいったい何キロ進んだのかもわからないような日がつづいた。ウイルソンが足をくじき、スコットが転倒して背中を強く打つという事故も起こっている。

困ったことに、行程がはかどらないための悪循環で食糧が不足しはじめた。氷河の下のデポにたどりつくまで、二月一五日から食糧制限にはいる。一食あたりビスケット一枚にペミカン入りの薄いスープという極度に欠乏した食事で耐えざるをえなくなった。

エバンズはとくに急速に弱っていった。二月一六日になると、エバンズの消耗があまりに激しいので、一行は早目に野営した。容態は重く、とても回復の見込みはない。

一行のうちでいちばん身体が大きく、力も強いエバンズが最初に弱ってしまった理由の第一は、手のケガがもとの凍傷である。これは前に説明したとおり。第二には食糧の不足が考えられる。特に身体が大きいエバンズには、みんなと同じ量の食糧では明らかに足りなかっただろう。事実、小さなバワーズなどは食糧の分け前が食べきれないことも何回かあったらしい。大きな身体では、熱量の消費も大きいのがあたりまえであって、食べ物の量を身体の大きさに応じて考えることは、とくに長期の重労働では当然である。この点の配慮のなさもまた、スコット隊長の重大な責任とみることもできる。

そして第三、氷河の下降中にひどく転倒したこと。このとき頭を強く打ったようで、以後容態が急速に悪化し、わけのわからぬことをつぶやくようになっていた。

第四の点はウイルソンが指摘している。それによると、エバンズはそれまでの人生のなかで病気になったことなど一度もないという、頑健そのものの身体を誇ってきた。そのせいでいったん病気になったとき、それに敢然と立ち向かうだけの精神的な免疫がなかったというのだ。

さらに第五。エバンズがイギリス的階級社会の「下働き」的役割を一人だけでになっていたこと。これは間接的とはいえきわめて重大な心理的圧力になったであろう。

エバンズの死

二月一七日の朝、起きあがったエバンズは、いつものように「大丈夫です」といって、みんなと一緒にソリを引き始めた。もう「下氷河デポ」まですぐ近くである。ところが出発してしばらくしたとき、エバンズの靴がぬげてしまった。初めのうち一行はエバンズが靴を履き直すのを待っていたが、あまりに何度もぬげるので、「ソリ引きから抜けて、靴をしっかり履き直してから追いついてこい」とスコットにいわれる。そのまま、みんなは昼食まで歩き続けた。ところがいつまでたってもエバンズは追いつかない。戻ってみると倒れていた。悪い両手がむきだしになっている。もうほとんど意識はなかった。急いでテントを張ってエバンズを横にしたものの、そのまま昏睡状態が続き、意識を回復しないままその夜おそくに息をひきとった。

残された四人はエバンズの死に強い衝撃を受けた。しかし、同時にほっとしたこともたしかである。エバンズは隊全体の行進の足を心理的に引っ張りぎみだった。ベアドモア氷河の下降に際して、おくれるエバンズを四人はしばしばあとにして先に野営地へ向かっている。本隊が疲れはてているため、氷河下降のスピードは第二帰還隊の七日半に対して一〇日かかったが、その理由はエバンズにかなり起因すると考えられがちであった。エバンズの死によって、すくなくとも当面はこの心理的重圧から抜けだすことができるため、一同はほっとしたのである。

いかにエバンズによってみんなが心理的に縛られていたかは、死後三〇分ほどで四人がその野営地をとびたつように出発し、真夜中というのにデポに向かったことからもわかる。下氷河デポでたっぷりと食べ物を腹に入れて、ひさしぶりの熟睡をみんなで味わった。

エバンズの死についてもうすこし考えてみよう。

エバンズがその凍傷によって、極点隊の足を多少なりと引っ張ったことはたしかであろう。しかし、だからといってその死が勇敢なものでなかったとはいえない。それどころか、たいへんに英雄的な死に方だったということもできる。

エバンズは自分の立場をよく心得ていた。隊のなかでただ一人の兵卒である。特に軍隊の場合、あらゆる場合に不平をいえない立場にある。これはイギリス的階級社会ではことさら増幅される。命令を忠実に、迅速にこなしていくだけ。事実エバンズは、凍傷によるひどい痛みにじっと耐え、なにひとつ弱音をはかなかった。「大丈夫です」としか自分の容態については言っていないほどだ。立派で、雄々しい態度だった。そして、その態度を最後まで崩すことなく死んでいった。

ところで、スコットの一七日の日記のなかにこういう一節がある。

「昨日昼食のときにした現状の検討を思い出せば、われわれが基地までまだまだ遠いのに病人をかかえて、どんなに望み薄い立場にあったかがわかるのだ」（中田修訳）

水兵エバンズ

この状況討議の細かい内容についてはスコットは書きとめていない。ウイルソンの日記にも何の記述もない。しかし、このときか、あるいは翌日エバンズが昏睡状態で横たわっているときに、エバンズをその場に置いていくことが真剣に討議されたことはほとんど間違いない。というのも、後にスコットははっきりと「他の隊員の安全のために、かれを遺棄することもありえた」と書いているのである。そのような考えがよぎった直後に、エバンズは死んでいった。おかげでエバンズを生きたまま遺棄しなくてすんだ。かれの死の前後は、それほどの極限状況にあった。

エバンズの次に病んで隊の行進速度を落とすことになるのは、優しくて無口なオーツである。こんどは一兵卒ではない。みんなと同じ士官階級に属している。状況はエバンズのときよりもずっと悪くなっていた。そのときみんながどう行動したかをこれから見ていくことになる。

「どうか神助が……」

エバンズが倒れたのはベアドモア氷河を下りきったところである。そこから先は「大氷床」上の旅となった。氷河の下降にくらべたらずっと楽な道だ。

こんなとき後ろから追い風が吹いてくれたら、ソリに帆を張って行程がはかどるだろう。ところが大氷床に降りた当初はまったく風がない。しかも雪面が悪く、ソリ引きはことさら重く感じられた。かれらがソリを自分たちの力だけで引き始めてから、もう二カ月以上になる。衰弱が激しいのはあたりまえ、それがソリをよけいに重く感じさせた。

二月二二日、待望の風が吹き始めた。ところがこの風は役に立つどころか、そのせいで道に迷って、またしてもよけいな労力を使うはめにおちいった。

三月一日、大氷床の真ん中のデポにやっとのことで到着する。ここでスコット隊は思ってもいなかった不運にぶつかった。それも三つ同時にである。ひとつは、置いてあった燃料の油が決定的に少なかったこと。極度に節約して、しかも行程がうまくはかどったとしても、やっとのことで次のデポまでまかなえるかどうかの量しかない。前述のように、容器が不完全で揮発してしまったかららしい。

極地の服装のスコット

ふたつ目の不運は、オーツの足の重い凍傷である。じつはオーツはだいぶ前からひどい凍傷にやられていたのだが、みんなに心配をかけまいとして黙っていた。その凍傷はそうとう悪化していて、すでに手遅れであることが一目でわかった。とくに爪先がひどくやられていて、いつまで歩き続けられるかわからない状態である。

三つ目の不運は、にわかに襲ってきた寒気である。三月一日の夜、気温は一気にマイナス四〇度にまで下がった。南極での行動記録を見ると、人間がふつうに行動できるのは、だいたいマイナス三〇度くらいまでだということがわかる。気温がそれ以下になると、とたんに行動が困難に陥る。たとえば、気温がマイナス四〇度に落ちた朝、スコットの一行は靴を履くという簡単なことになんと一時間半もかかっている。疲労が極限にまで達しているときの、この三重の不運によって、一行はじつに容易ならざる事態となった。

三月四日、スコットは日記に「どうか神助がありますように」という言葉を書きつける。困難につねにまっすぐぶつかって、断固うち勝ってきたスコットにしては、ほとんど絶望を意味する言葉であった。三月八日や一二日にも「神助」を願っている。

最終的解決の方法

オーツの足は、思いもかけなかった寒気の急襲でみるみる悪化してゆく。この低温は、だれもが予期していなかったものだった。しかし、大氷床の奥の三月といえば、それまでだれも足を踏み入れたことがなかったのだから、予期していなかったといっても、それはかなりあやふやな根拠に基づいていたともいえよう。基地のあたりの三月と、大氷床の奥の三月とでは決定的に条件が違っている。

オーツの治療にはウイルソンがあたった。かれの全気力を治療に注ぎこみ、そのおかげで自分の足の始末を忘れて、小さな凍傷を作ったほどだ。しかし、オーツにしてやれることは具体的にはあまりない。せめてもう少しでも温かい飲み物でもあればと思っても、次のデポ（一トンデポの前の「フーパーデポ」）に着く前に燃料が切れたらそれで終わりだから、満足に身体を暖めるわけにもゆかぬ。

三月六日、オーツはもうソリを引くことができなくなった。自分で歩くのもやっとといった状態である。一行の一日の行程は平均一〇キロから一三キロ（短い日で八キロ余）に落ちてゆく。それでもオーツは苦痛

バワーズ隊員

の言葉をもらさない。「陽気な悲観主義者」というのが元気なときのオーツのあだ名である。いつも最悪の事態を頭に入れておきながら、それでいて陽気さを失わない性格を的確に言い表している。だが、いまやその表情からは陽気さが消えた。オーツは、自分の足のおかげで一行を危機に陥れていることにすでに気がついている。陽気にふるまえるわけはない。このとき、無言のオーツはあることを決心しつつあった。

ちょうどそのころ（三月三日から一〇日まで）、チェリー＝ガラードとデミトリの犬ゾリ隊が「一トンデポ」までスコットを迎えにきていた。二人は猛吹雪のデポ地で一週間待ったが、犬の食糧がつきたのであきらめて帰っていった。

スコットたちは三月八日に「フーパーデポ」に着く。ここから「一トンデポ」まではまだ約一〇〇キロ。これはアムンセンがホバートから世界に向けて南極点初到達を打電した翌日にあたる。そして「フーパーデポ」で、スコットの一行は恐ろしい失望を味わった。かすかな希望を託していた犬ゾリによる救援隊は見えず、かわりに手にしたのは、あいも変わらず揮発して量が少なくなった燃料缶であった。

三月一一日、朝食のあとでオーツが、いまの事態を解決するにはどうしたらいいだろうかと、助言をみんなに求めた。もちろん、少しでも先に進むというほかはない。しかし、スコットは全員にたいして、もうひとつの方法があることを知らせるべきだと考えた。かれはウイルソンに命じて薬箱を開けさせる。そこには一人あたり三〇錠の阿片とモルヒネのチューブがあった。自殺。――苦痛から解放され、仲間にも迷惑をかけない簡単な方法である。薬品は分配された。

このような議論は、こんな差し迫った状況でなくても、極地やヒマラヤの探検隊員なら一度はしたことがあるかもしれない。いや、日本の冬山でも似た状況はある。つまり、自分のせいで隊全体が危なくなるとしたら、そのときは自らを犠牲にしても隊を助けるべきだ、という考え方である。

まえの年の冬の「世界最悪の旅」のときに、バワーズは「そんなときには氷斧ででも自分に決着をつける」といってチェリー゠ガラードを驚かせたりもしている。こういった自己犠牲の考え方は、南極探検ではある種の「常識」だったといってもいい。しかしそれは一種の思考実験のようなものであって、差し迫った現実となると非常にむずかしい問題になってくる。

だが、オーツも、スコット以下の三人も、なんらかの方法で問題を解決せざるをえない時期が、ついにきた。

オーツの自殺

よろめく足取りの一行は、三月一五日に南緯80度線を越える。みんなを前へ前へとつき動かしているのは、なんとか生きようがための気力だけであった。

この日の昼食のとき、オーツは「寝袋に入れたまま置いていって欲しい」とみんなに懇願する。もちろんだれもそんなことはできない。オーツはその日の午後、最後の力をふりしぼって数キロさらに歩く。それは気力の塊のようなスコットですら驚くほどだった。

その夜、オーツはたぶん再び目覚めることがないことを祈りつつ寝袋のなかに入ったに違いない。しかし、無慈悲な天はかれに味方しなかった。一六日の朝をまた迎えることになる。テントの外は猛然たる吹雪である。

「ちょっと外に出るが、しばらくかかるつもりだ」

それがオーツの最期の言葉だった。立ち上がったオーツはテントの外に出ていって、それきり戻ってこなかった。テントにいただれもが、オーツの行動がなにを意味するかを知っていた。にもかかわらず、だれも止めることはできなかった。オーツのその行動が、最も勇敢な男にだけできるものであることを、スコットもウイルソンもバワーズも知っていたからである。かれらはみんな、自分が最期を迎えるとしたら、オーツと同じ精神で臨みたいと、そのとき切望していた。そして、かれらの最期もすぐそこに迫っているのがわかっていた。こんな状況下で、なぜオーツを止めなかったのだと非難することはできないであろう。

勇敢なオーツは、モルヒネや阿片錠という方法を選ばずに、南極でもっとも簡単な方法を選んだのである。あるいは、薬品類は残った人たちのために残しておきたかったのかもしれない。そのほうが「陽気な悲観主義者」らしいともいえる。

オーツ隊員

オーツのこの死は、もっとも崇高な死として時代に迎えられた。いや、時代を超えていまでも感動的である。しかし、ここでもう一人の英雄を思い起こしてみよう。最初に倒れたエバンズである。二人の苦痛の度合いを比べてみると、エバンズが耐え忍んだ苦痛は、オーツのそれと同種のものであった。二人とも凍傷の苦痛の果てに、ほとんど苦痛を外にもらさずに死んでいった。

けれども、二人の死のまえ数日間の一行の行程を比べてみると、エバンズの死の前の数日間の行程は、それまでの行程とほとんど変化がないことがわかる。それは、エバンズが苦痛にもかかわらず、また心理的重圧を他の四人から感じていたにもかかわらず、実質的には隊そのものの足をあまり引っ張っていなかったことを意味しよう。かれは実によくやったのだ。

いっぽう、オーツの場合はどうか。オーツの病状が悪化した三月に入ってからの二週間は、行程ががくっと落ちているのがわかる。二月いっぱいは一日二〇キロ以上確実に稼いでいたのにたいし、一〇から一五キロ、ときには一〇キロ以下に落ちてしまうのだ。しかも、その期間が二週間続く。スコットの最後のテントは「一トンデポ」までわずか二〇キロのところまで迫っていた。もしオーツの凍傷がなかったならば、かなり早い時期に「一トンデポ」まで到達していたことは間違いない。ひょっとしたら、三月一〇日までに間に合ってチェリー＝ガラードと会うことだってできたかもしれぬ。

こうして数字の面だけで見ると、オーツの自己犠牲は遅すぎたということになる。しかしこれはむろんまったく意味のない詮索(せんさく)だ。あらゆる状況から見ても、オーツの死とそれを見送ったスコットたちのふるまいは、人間の精神の崇高さを示している。にもかかわらず、なぜここで二人を比べたか。それは、エバンズの自己犠牲の精神はオーツのそれにまさることはあっても、けっして劣らないからである。かれは、全力をふりしぼって隊の行程を遅らすまいと努力したうえに、差別された不平ももらさずに死んでいった。

現在にいたるまで、オーツの死は高く称賛され、エバンズの死は語られることが少ない傾向がある。スコットはオーツの最期を語る日記のなかで「（オーツの行動は）勇敢な男の、そしてイギリス紳士（傍点は本多）のものであった」と書いた。これはエバンズが決して同列に並べない階級世界での言い方である。その結果、エバンズの真に英雄的な行為が小さく見られてしまっていることに対して、エバンズの立場を顕彰しておきたい。

全滅

二人の隊員をすでに失ったスコット隊の力は、もうほとんど尽きていた。最後の希望は「一トンデポ」にまでなんとかたどりつくことだ。そのデポは、オーツが去った日の昼食時には往路の二日行程のところまで迫っていた。強烈な向かい風と連日マイナス四〇度にもなるすざまじい寒気のなかで、一行がさらに三〇キロ近く進んだのは、まさに

ブリザードの中で野営の支度（ウイルソンのスケッチ）

ジョン＝ブルの敢闘精神そのものだといえよう。スコットの強力な意志と指導力がなくては到底なしえなかったことである。だが、そのスコットの足もついに凍傷にやられる。最後まで快活さを失わなかったバワーズも、いつもと変わらないユーモアをたたえたウイルソンもやられた。

三月一九日、烈風のなかでテントを張った。デポまで残すところあとわずか二〇キロ*。しかし、ついにそこから三人は一歩も動くことができなかった。バワーズとウイルソンは、デポに行って燃料と食糧をとってくるために出かける準備を毎日するが、風と雪と氷と寒さ――それは南極大陸そのものといっていいのだが――がテントから出ることをついに許してくれなかった。

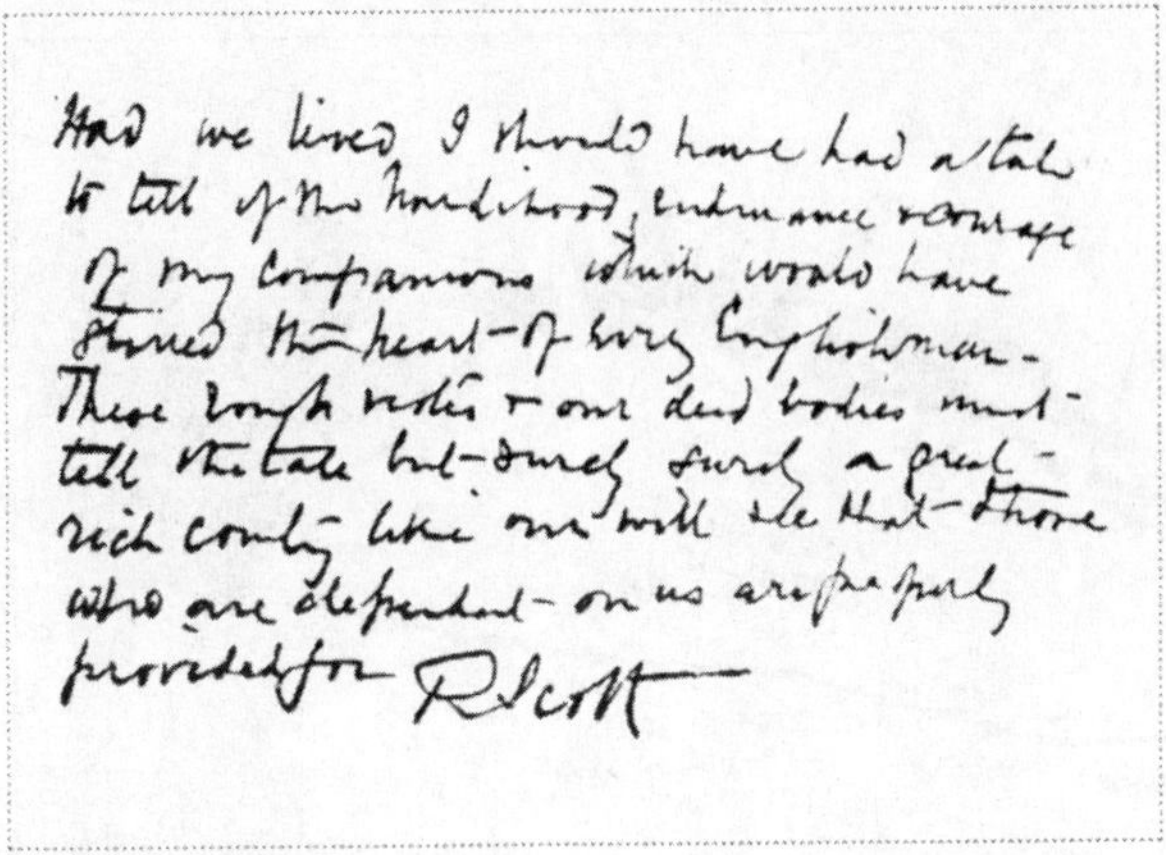
Had we lived I should have had a tale
to tell of the hardihood, endurance & courage
of my companions which would have
stirred the heart of every Englishman.
These rough notes & our dead bodies must
tell the tale but surely surely a great
rich country like ours will see that those
who are dependent on us are properly
provided for R Scott

スコットが故国の人々——イギリス国民へ宛てた手紙の最後の部分

生命力が、しだいに身体から抜けてゆく。もはや万策尽きた。寝袋にくるまって、外で吠え狂う、もう冬になろうとしている「南極大陸の音」を聞くばかり。

そんな音をききながら、スコットは何を考えていただろうか。日記にその心情はないものの、空しく散ってしまった南極点到達一番乗りの夢、故国に残してきた妻子、友人たち、基地の仲間たち、エバンズとオーツ、子どものころの思い出。……あらゆることが頭のなかを去来したであろう。

そして、暗くて寒いテントのなかで、わずかに残った力を指先と精神に集中して、何通もの手紙を書いた。かたわらでウイルソンが死ぬ。ほとんど苦痛を訴え

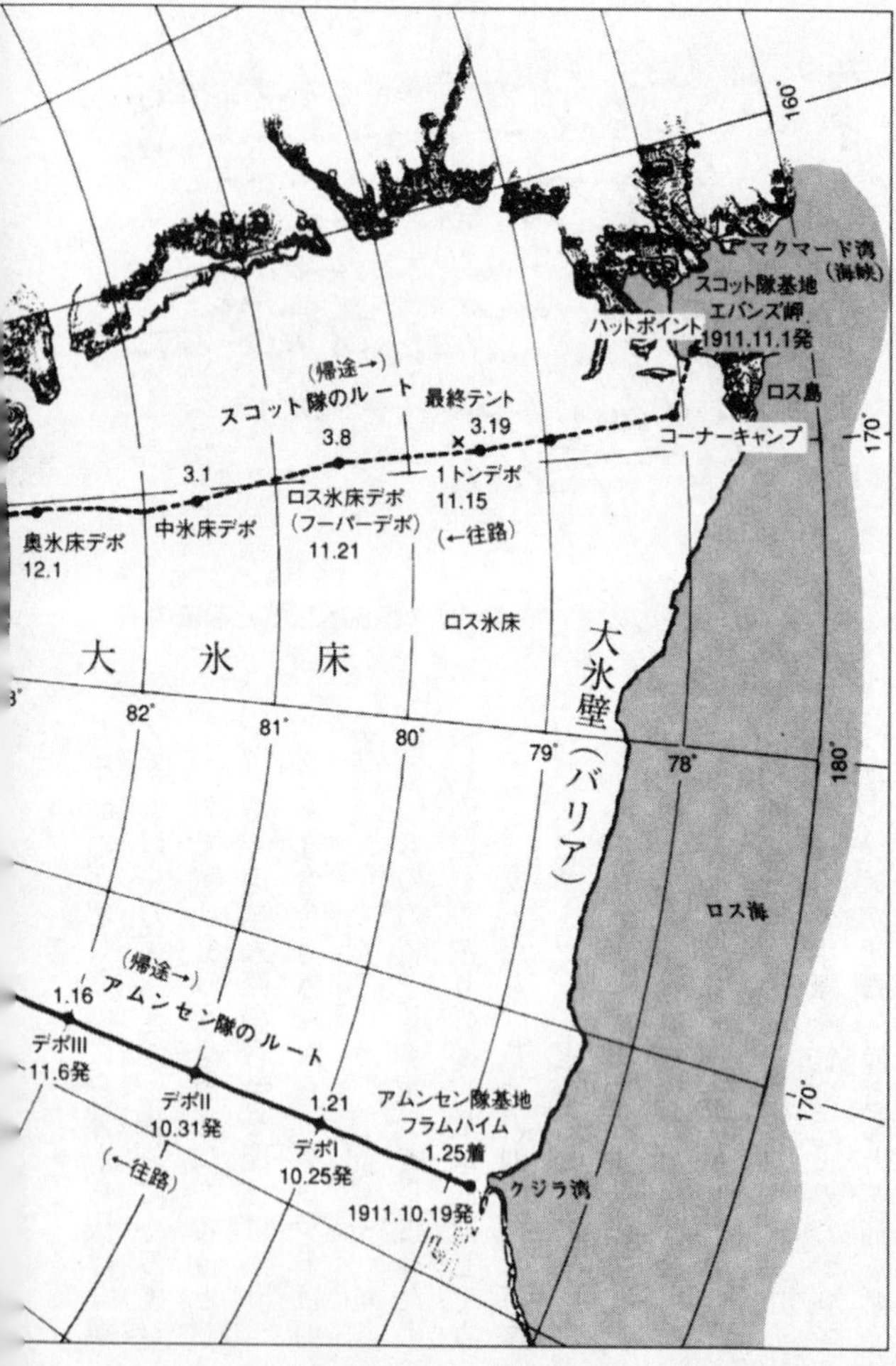

160°
マクマード湾
(海峡)
スコット隊基地
エバンズ岬
1911.11.1発
ハットポイント
ロス島
コーナーキャンプ
170°
(帰途→)
スコット隊のルート
最終テント
3.19
3.8
3.1
1トンデポ
11.15
ロス氷床デポ
(フーバーデポ)
11.21
(←往路)
中氷床デポ
奥氷床デポ
12.1
ロス氷床
大　氷　床
大氷壁
(バリア)
82°
81°
80°
79°
78°
180°
ロス海
(帰途→)
アムンセン隊のルート
1.16
デポIII
11.6発
デポII
10.31発
1.21
デポI
10.25発
(←往路)
アムンセン隊基地
フラムハイム
1.25着
クジラ湾
1911.10.19発
170°

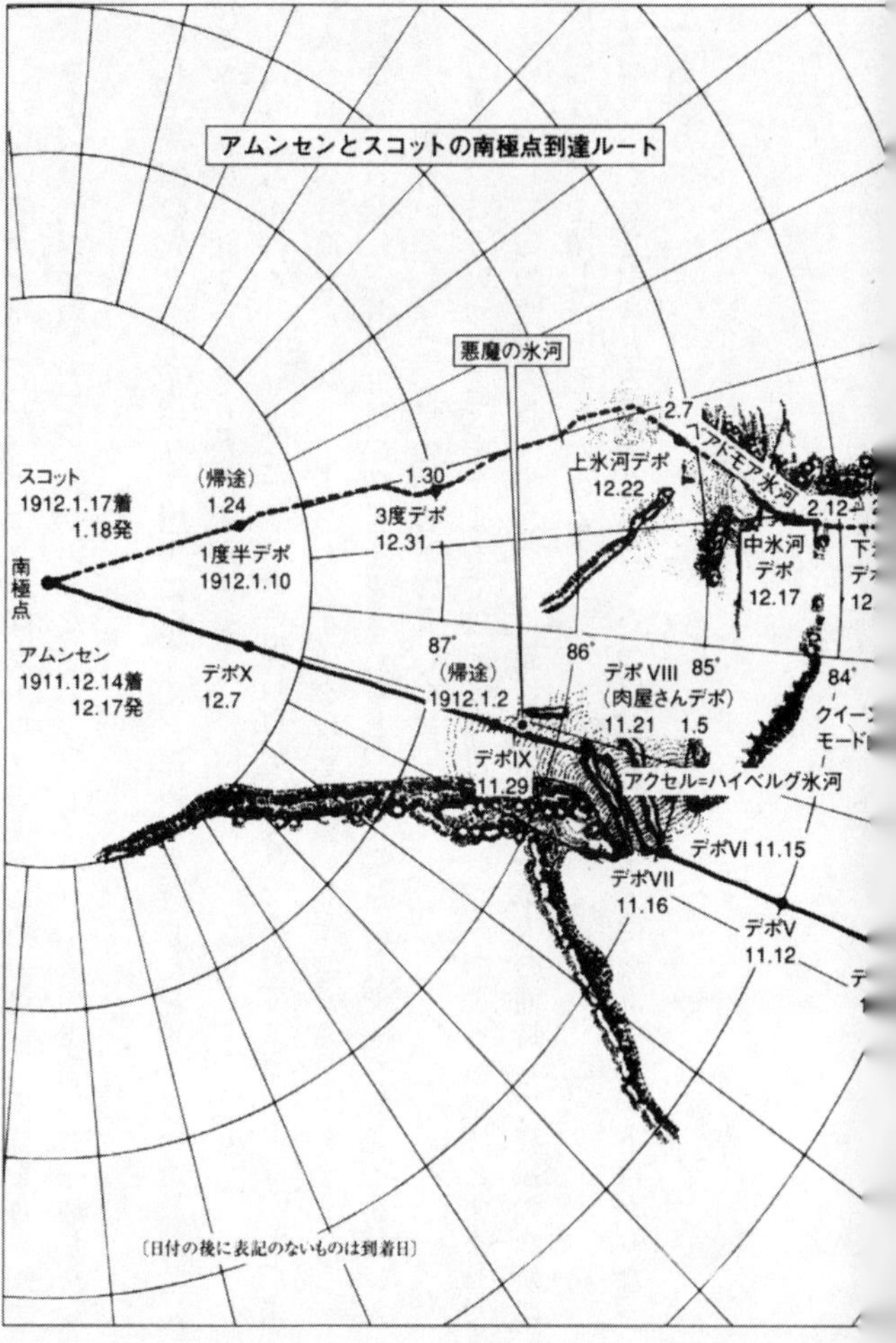
アムンセンとスコットの南極点到達ルート
悪魔の氷河
スコット
1912.1.17着
1.18発
南極点
アムンセン
1911.12.14着
12.17発
(帰途)
1.24
1度半デポ
1912.1.10
デポX
12.7
1.30
3度デポ
12.31
87°
(帰途)
1912.1.2
86°
デポIX
11.29
上氷河デポ
12.22
2.7
ベアドモア氷河
2.12
中氷河
デポ
12.17
85°
84°
デポ VIII
(肉屋さんデポ)
11.21
1.5
アクセル=ハイベルグ氷河
デポVI 11.15
デポVII
11.16
デポV
11.12
〔日付の後に表記のないものは到着日〕

ることのない静かな死だった。スコットはウイルソン夫人にその最期の模様を書き残す。バワーズは気づかぬうちに死んでいった。スコットはバワーズの母親にも一通したためる。

そして故国の人々——イギリス国民に宛てて、探検の失敗した経緯を書いた。同時に残された家族を託す言葉もしたためた。

妻にもむろん書く。「わが妻に」と書き出したが、それを消してスコットは「わが未亡人へ」と書き直した。スコットらしい正確な現状認識の見本である。

最後に、日記に三月二九日の項目を書き込むと、その褐色の日記帳を緑色の小袋に入れ、手紙類といっしょに寝袋の頭の下に置いた。

スコットはこういったことを、まるで以前に練習していたかのように整然とすませたらしい。そしてこの敗軍の将は、おそらく義務を果たした軍人の面持ちで寝袋のなかに横たわり、目を閉じたとおもわれる。

スコットが息を引きとる瞬間をみとったのは、ブリザードに波うつテントばかりだったであろう。

〈XIII〉二度目の春

希望なき冬へ

二月六日、スコットの帰りを待つ基地に、テラノバ号が一年ぶりの姿を見せた。そして海が凍結する前にスコット隊が帰ってくれば、全員を収容して帰国できるよう、態勢を整えて待機した。

二月二二日、第二次帰還隊の壊血病にかかったエバンズ大尉も救出され、前進基地に帰ってきた。このとき、じつはアトキンソンとデミトリが犬ゾリでスコット隊長を迎えにいく予定だったが、エバンズ大尉の救出のため予定がかわってしまい、急遽チェリー＝ガラードとデミトリが犬ゾリでスコットを迎えにいくことになった。しかしこの隊の目的は、スコット隊の「救出」ではなく、一刻も早く南極到達の確報を手にして、それをテラノバ号の出港までに持ち帰るというものだった。ノルエー隊にすでに敗れていることなどまだ誰も知らないし、無線も発達していないときである。

二月二六日午前二時、二人は「一トンデポ」に向かって出発する。ソリは順調に進んで三月三日の夜「一トンデポ」に着いた。しかしスコット隊の到着したあとはない。そこからさらに先に進むことも二人は考えたが、そのための犬の食糧がない。そこで、許されるかぎりの時間デポに留まって隊長を待つことにした。

三月四日、湾内に氷が張りはじめたので、テラノバ号は本隊の収容を今夏はあきらめて基地を出航する。壊血病のエバンズ大尉など一部はこれに乗って帰った。世界がスコット隊の情報を手にするにはもう一年待たなければならない。

チェリー゠ガラードとデミトリはデポに一週間滞在したのち、一〇日にひきあげた。スコット隊に会えなかったわけだが、二人はこのときはまだそれほど心配していなかった。というのは、第二次帰還隊の行程から計算すると、スコット隊が「一トンデポ」に着くには間があったからである。事実このときスコットの一行は「一トンデポ」から一一五キロほど南にいた。しかし非常に状態が悪かったことは前に見たとおりである。

基地の人たちが本格的にスコットの一行について心配しはじめたのは、三月二〇日を過ぎたころだった。それでも精密に計算してみると、三月二六日までは無事帰還する可能性があることになった。しかし、それから一日でも遅れると、生きて帰る可能性が一日ごとに急速に減ってゆく。もう南極の冬になるのだ。

三月二七日、基地における隊長格のアトキンソンは、コヘインとともに徒歩でスコット隊を出迎えに出た。ふたりは約五〇キロほど進むが、マイナス四〇度に達する寒気と吹雪に出合い、とうてい進めなくなって四月一日に基地へ帰ってくる。スコット隊の消息はまったくわからない。

それからの数日間、一同はたいへんな心配に包まれた。しかし、小屋の外で荒れ狂っている嵐をみるにつけ、南極の冬を知りつくしている一同には、もうスコット隊に異変が起こったことは言わなくてもわかっていた。次の春になるまで、捜索にいくことすら不可能な季節になっていたのだ。

長くて、暗くて、希望のない冬が、イギリス隊基地をおおう。

捜索隊による遺体発見

この年の冬は重苦しいものだったが、隊員たちは与えられた観測の仕事に黙々と打ち

スコット隊長ら３人の遺体が見つかった場所に十字架が立てられた

込んだ。前の年の越冬と同じ規則が、この冬もそのまま適用された。スコットがいるときと同じ規律が保たれていたわけである。最大の仕事は、春がきたときの捜索隊の準備だった。スコット隊の足跡をなんとしてでも発見して、その成果を持ち帰らねばならない。捜索隊は、少なくともベアドモア氷河を登りきって、大陸の高原に行けるだけの準備をしておく必要があった。

犬ゾリと騾馬（らば）とで編成された総勢一一人の隊は、一〇月三〇日と一一月一日の二隊に分かれて出発した。アトキンソンが一行の隊長である。

捜索隊はかなり順調に進んで、一一月一一日には「一トンデポ」に到着した。

昨年より三日ほど早い進行ぶりである。デポの様子は去年残しておいたままだったが、燃料缶が気温の変化で破裂して食糧にとび散っていた。

翌日、デポから二〇キロの地点で、西方に雪の塚のようなものが見えた。近づくにつれ、テントであることがはっきりしてくる。かれらはついに発見したのだ。ほとんど雪に埋もれていたテントを掘り起こし、なかを覗いてみて、すべてが明らかになった。

スコットが真ん中に横たわり、その右に入り口に足をむけてバワーズが、左側には入り口に頭を向けてウイルソンが、それぞれ寝袋にはいって眠っていた。*スコットの左手は、極地で苦楽をともにした最良の友ウイルソンの体にかかっている。そして、なにもかも明らかになる日記や記録と、手紙類・写真のフィルム・地質標本などがあった。

その場に一行はテントを張り、アトキンソンがスコットの日記を読んだ。そこにはいかにもスコットらしい正確な表現で「発見者はこの日記を読み、本国に持ち帰るべし」と指示してあった。アトキンソンは隊員を呼び集め、スコットの書き残したもののなかから二つを皆に読んで聞かせた。ひとつは手紙で、イギリスの国民一般にあてたものである。

「われわれは弱っている。書くことすら困難だ。自分自身に関していえば、わたしはこの旅を少しも後悔していない。それはイギリス人が困難に耐え、お互いに協力し、過去に例をみないような強い意志で死に直面できることを示したものだった」

ついでアトキンソンは、オーツがテントを出ていった日の日記を読んできかせた。スコットが最も隊員たちに知ってもらいたいところだろう、という判断からである。

そのあと、遺体を少しも動かすことなくテントの柱を取り去り、テントの布で三人を覆った。その上に雪を積み、スキーで十字架を作って立てる。アトキンソンが聖書の一節を読み上げた。

「このような壮麗な寺院での埋葬はいまだかつてなかった」とチェリー=ガラードは書いている。もう夜なかだったが、太陽は低く雪の地平線上にかがやき、十字架は逆光に黒く浮き上がっていた。

スコットの絶筆

スコット・ウイルソン・バワーズの三人が最後のテントを張った場所は、前述のように「一トンデポ」までわずか二〇キロの地点だった。食糧と燃料の補給を目の前にしながら一歩も進めなくなった無念さは、どんなに大きかったことであろう。

ところで、ここで前年夏のデポ作戦のことを思い出してみよう。スコットはその作戦のとき吹雪で三日間足止めを食うなどして、予定していた南緯80度よりも手前に「一トンデポ」を作らざるをえなかった。スコットの日記にも、「80度線にまで達することができなくて残念だが、これだけでも来年は大いに助かるだろうし……」と書いてある。距離でいえば、予定より約五〇キロほど手前だった。極点までの一四〇〇キロもの距離にくらべれば、この五〇キロは大したものではないようにみえよう。しかしこの小さな距離が、スコット隊の生死を分けることになったわけである。もしもスコットが予定の80度線にデポを作っていたとしたら、そこには三月一四日に到達できている。オーツですら80度線は越えることができた。

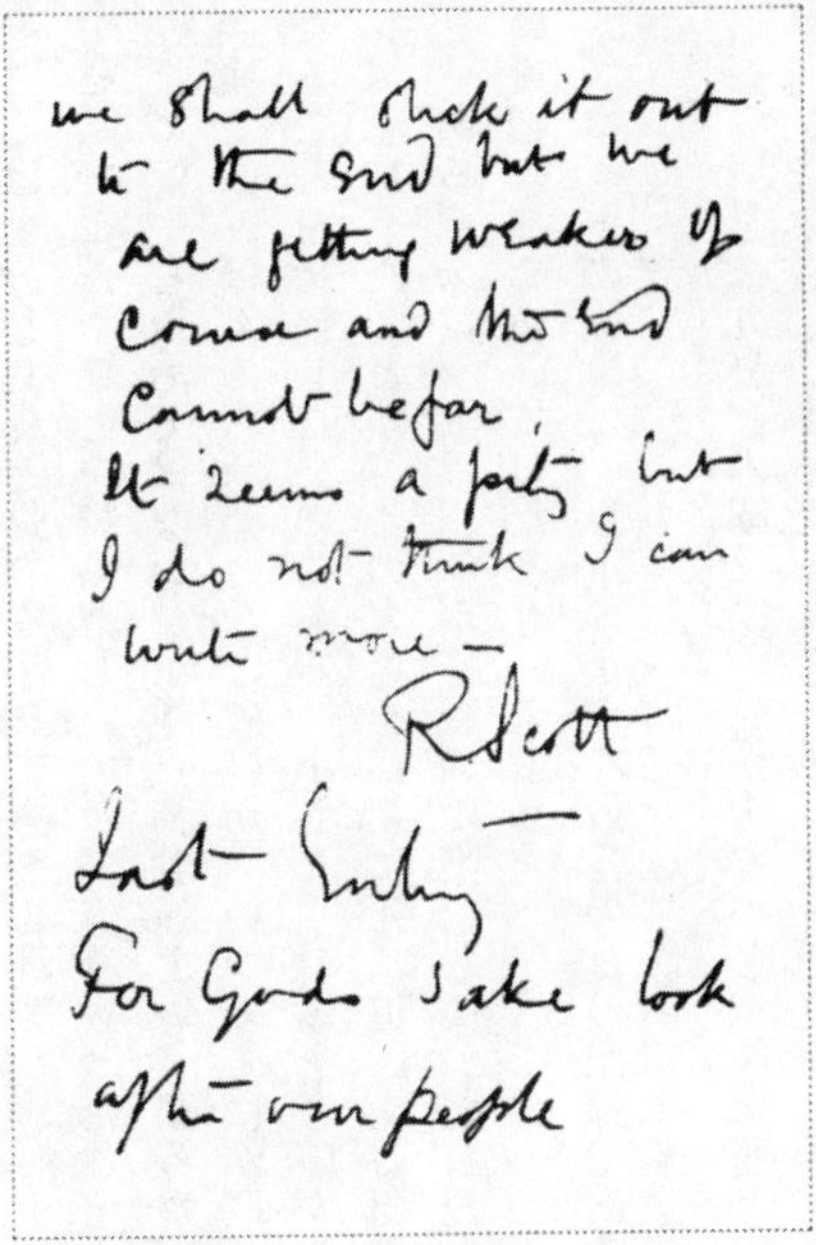
We shall stick it out
to the end but we
are getting weaker of
course and the end
cannot be far
It seems a pity but
I do not think I can
write more —
R Scott
Last Entry —
For God's sake look
after our people

スコットの日記の最後の部分

そこでは十分な食糧と燃料を手にできたはずだ。

ここでこんなことを持ちだしたのは、過ぎ去ったことを「もしも」という仮定の言いかたで悔やむためではない。南極点初到達というような、人間の力の極限に挑む種類の探検では、ほんのちょっとした破綻が、いつのまにか取り返しのつかない大きな欠陥となることを指摘したいのである。小さな手の傷を考慮することなく五人の極点隊にエバンズを加えたことが、この大男を最初に死に追いやる原因のひとつになったのと同じことである。スコットは、デポ作戦の段階でちょっとした妥協をすることで、すでに失敗の最初の種をまいていたともいえよう。

スコットの絶筆は、以下のような最後の日の記録である。

三月二九日、木曜。二一日からずっと、西南西と南西の強風に見舞われ続けている。二〇日には一人につき二杯のお茶をつくる燃料と、やっと二日分だけの食糧があった。二〇キロ離れたデポへ向かって出発すべく毎日われわれは用意したが、テントの外では吹雪が荒れ狂い続けている。事態が好転する望みはもはやない。われわれは最後まで頑張り通すつもりだが、弱ってきているのもたしかだ。最期も遠くはない。

残念だが、もうこれ以上わたしは書けない。

R＝スコット

最後に
われわれの家族をよろしく。

テラノバ号の帰還

一一月一四日、オーツを捜索中の一行は、オーツがいなくなってからスコットらに途中まで運ばれていた袋をみつけた。袋の中には経緯儀と靴下などがあった。しかし、オーツの去ったあたりまで行っても、遺体などの気配はどこにもなかった。翌日、スコットの日記から推量して、オーツが最後にテントを出たところとおぼしい地点にやはり十字架を立て、遺体の捜索は打ち切られた。

一同が基地に帰りついたのは一一月二五日夜である。さっそく残されていたフィルムを現像してみると、スコット隊の南極点での記念写真が写っていた。

「みんな元気で体調がよさそうだ。衣服は氷づめになってはいない。極点は無風状態で、雪面はむしろ柔らかそうに見える」と、写真を見たチェリー＝ガラードは書いている。

スケッチに色を塗る在りし日の「画家」ウイルソン

年が明けた一九一三年（大正二）一月一八日、待ちに待ったテラノバ号がやってきた。いまはすっかり回復したエバンズ大尉が隊長である。悲報がテラノバ号を走る。精神的にもうちのめされていた越冬隊の一同は、乗船して家族からの手紙を読みふけり、ロンドンではやっているワルツを蓄音機で聞き、ビールを飲み、新鮮なリンゴを食べた。

しかし、まだひとつ大切なことが残っている。それは大氷床を遥かに見下ろすオブザベーション＝ヒル（観測のための丘という意味）に、スコット隊の五人を記念するための十字架を立てる仕事である。

船の大工がゴムの木を使って大きな十

字架を作った。標高二三〇メートルもあるオブザベーション＝ヒルにこれを担ぎあげるのはしんどい作業だった。しかし、白く塗られた十字架は高さが三メートルもあって、はるか沖合の船からもよく見ることができた。

この丘の上はウイルソンがたいへん好きな場所で、しばしばスケッチブックを持って登った。南極の氷と雪と空と雲の色は、それこそ千変万化する。あとで小屋に持ち帰って、スコットの隣の机で彩色をするために、ウイルソンはスケッチブックに鉛筆で色をメモするのだった。そしていまや、ウイルソンにかわって十字架が、壮大な南極の風景を見下ろし続けている。

一月二二日、テラノバ号はついに基地を離れ、暴風圏を抜けてニュージーランドへと針路をとった。人間の住む世界にテラノバ号がたどり着いたのは二月一〇日のこと。小港オアマルに、さながら「幽霊船のごとく入港した」と、隊員のチェリー＝ガラードは著書に書いている。新聞で世間に知れわたる前に、何よりも遺族たちに悲劇を知らせるべく、ひそかに入港して打電するためだった。翌日、テラノバ号は半旗をかかげてリトルトンへ近づく。チェリー＝ガラードは、そのときの深い感慨を次のように述べている（加納一郎訳から）。

「別れた日からなんと違っていることだろう。そしてまたなんと全く同じなのであろう。われわれがあんなに恐ろしい悪夢のかずかずを見たのにかかわらず、そして今もなおおそれは夢ではないと信じがたいのに」

イギリス本国への帰還はこの年の六月一四日。スコット隊がロンドンを出発したのは一九一〇年（明治四三）の六月だから、それからだと満三年余の、それも隊長ら五人を欠いての帰国であった。

スコットの手紙

テラノバ号がニュージーランドへ持ち帰ったニュースは、世界中に大きな衝撃を与えた。世界各地で追悼の集会が行なわれ、南極で遭難した五人の隊員はイギリスの名誉を高めた雄々しい英雄となる。なかでも、スコットが死の寸前まで書き続けてきた何通もの手紙は、死に直面した人間の精神の気高さを表すものとして、人々の深い感動を呼びおこした。探検隊のリーダーとしての欠陥、計画のなかにあった多くの無知や不備といった次元とは違うところで、スコットの精神は最期の手紙のなかに凝結している。それはアムンセンとの競争での現世的な敗北とは別の意味で、スコットが手にした一種の勝利だといえるかもしれない。

悲報を伝えることになるテラノバ号

それらの手紙のうち、同じテントで死んでいった仲間の家族のためにスコットが書き残した手紙を二通紹介しておく。

〈ウイルソン夫人宛の手紙〉

この手紙があなたの手に渡ったときは、ビル（ウイルソン）と私はともにあの世へ旅立っていることでしょう。いま、私たちは死に瀕しています。臨終にあたってかれが実に立派だったことをお伝えしたい。つねに朗らかで、他人のために自分を犠牲にすることをいとわず、かれをこんな災難にあわせてしまった私に対する非難はついに一言も口にしませんでした。幸いなことに、臨終にさいしてかれは苦しむことなく、ごくわずかな不快感を持っただけでした。

　かれの目は希望に満ちた青をたたえています。心は神の意思をまっとうできた満足感で安らいでいます。生前のご主人は、勇敢で、誠実で、最良の仲間であり、もっとも頼りがいのある友でした。そして、その生き方そのままに死んでいったことをお伝えする以外に、お慰めの言葉はありません。

　ただただ深く御心をお察し申し上げます。

R＝スコット

〈バワーズの母親への手紙〉

　誠に申し訳ないことに、あなたの生涯で最大の打撃をお受けになったあとで、この手紙がお手元にとどくことになりましょう。

　私はわれわれの旅路のほとんど終わりにあたってこれをしたためています。その旅を、私は二人の勇敢で気高い人物とともに終えようとしています。そのうちの一人がご子息です。かれは私のもっとも親しい、もっともしっかりした友であり、私はその毅然とした態度や能力・精力を敬服してやみません。困難が深まるにつれて、かれの剛毅な魂はますます明るさを増していきました。かれはつねに朗らかで、希望に満ち、最後まで不屈でした。

神の意思は人知のはかり知れないものですが、ご子息のように若くて、勇敢で、約束された未来を持つ者の命を召されたのには、きっと深いわけがあったに違いありません。

ただただ深く御心をお察し申し上げます。

R＝スコット

さらにスコットは、妻にあてた手紙の終わりの方でこうも書いた。——

「家にいて安楽すぎる暮らしを送るより、はるかにましだった」

〈XIV〉アムンセンの遭難

アムンセン、ふたたび北氷洋へ

南極点に初到達する機会は、人類史のなかで一度しかない。その栄誉がノルエー隊に輝いたばかりか、スコット隊は悲劇的結末に終わったのだから、イギリス国民はアムンセン隊に対して感情まるだしの非難を浴びせた。北極へゆくとみせかけて南極へ行った卑劣漢とか、科学調査など何もしないで突進しただけだとか。

これらの非難は論理的にも事実としてもまちがっているが、感情としては理解できないでもない。スコット隊を送りだした主催者としての王立地理学協会は、のちにアムンセンを講演に招いて昼食会を開いた。その席で、ときの会長カーソン卿は、アムンセンに面と向かって「極点到達の殊勲者はソリ犬なのだから、拍手はソリ犬に対しておくりたい」と、皮肉と悪意をこめて言った。この侮辱に対してアムンセンは身動きひとつしなかったのに、カーソン卿はアムンセンに反論させまいとする身ぶりを示した。さすがのアムンセンもこれには腹にすえかねて、自伝のなかでこう書いている。——

「スコットは偉大な探検家であった。立派なスポーツマンでもあった。しかし私は、その祖国の人々については決して同様な称賛をおくるわけにはゆかぬのである。（中略）北西航路の初通過、南極点の到達にさいして、イギリス人のあまりに多くのこうした実例を私は見せつけられた」

スコット隊のテラノバ号が悲しい帰還をした翌年の一九一四年（大正三）、第一次世界大戦がはじまる。世は探検どころではなくなるが、さいわいノルヱーは中立国だったので戦争にまきこまれなかった。そこでアムンセンは資金を集めて新たに耐氷型の探検船をつくり、ふたたび北氷洋に向かう準備をすすめた。

一九一八年（大正七）七月一五日、新造船「マウド号」は、まだドイツ潜水艦による無差別攻撃の危険があった北海を出航し、北極海に向かった。これはナンセンの漂流探検を継承して、北氷洋をさらに高緯度まではいろうとする目的である。

しかし北極海の氷は生やさしいものではなく、三度の越冬ののちベーリング海からシアトルに出なければならなかった。この探検は結局、ノルデンショルトの功績についで、北東航路の第二の完航者になっただけであるが、北氷洋の生態を知るためにはたいへんいい機会になった。

飛行艇による探検

このマウド号による北氷洋探検でアムンセンがつくづく思ったのは、もはや船による探検では北氷洋をこれ以上さぐるのに限界があるということだった。第一次世界大戦のあいだに飛行機や無線の技術が飛躍的に発展する。そこでアムンセンは、以前から脳裡にあった空からの探検を本気ですすめることにした。しかし問題は、優秀な飛行機を手に入れるための資金である。著述活動や講演会ていどでは、とても追いつかない。

ところが、ここにエルズワースというアメリカ人が現れる。アムンセンより八歳年下だが、アンデス山脈の調査などをしてきた探検家で、のちに極地探検家として有名になる人物である。大金持ちの家庭に生まれ、その金を純粋探検につぎこんで命をかけたところなど、アメリカ人の良い面が現れた例といえよう。このエルズワースが、アムンセンの講演をきいて大いに共感し、自分もいっしょに北極への空からの探検をすすめたいと思った。そしてドイツの飛行艇二機を買う資金を出したのである。

一九二五年（大正一四）の五月二一日、こうしてアムンセンとエルズワースは、シュピツベルゲン群島のキングス湾を二機の飛行艇でとびたって北極海へ向かった。

シュピツベルゲンは北大西洋の北極海をのぞむ位置にあって、常住する人間のいるところとしてはいちばん北の島である。北極点には、一九〇九年にピアリーが初到達してからこのときまで、まだ二度目に行った人はいない。アムンセンは別のコースから飛行艇で向かうが、しかし二度目の極点到達はたいして意味のあることではないので、主目的は未知の領域をさぐる点にあった。北極海に陸地があるかないかもまだわからないころである。すでに五二歳だが、少年時代からの夢が北極にあったアムンセンにとっては、まだまだやりたいことがあった。

シュピツベルゲンから極点まで直線距離で一一〇〇キロ。クジラ湾から南極点までより少し近いが、飛行機の発達もこれを楽に往復できるほどには「いまひとつ」のころである。二機の飛行艇には、アムンセンとエルズワースのほか、機関士と飛行士が二人ずついて、合計六人が乗っていた。

八時間ほど飛んで北極点まであと二五〇キロの地点、北緯87度43分・西経10度20分まで来たとき、帰りのガソリンの分量が不足になってきたので、氷のすきまの開氷面に着水した。ここで海の深さなどを測ったりしたが、着水のとき一機が破損したため、残りの一機に六人が乗って飛びたたねばならぬ。しかも開氷面はすぐに閉じられたので、氷の上を滑走しなければならない。上昇力がつくのは一五〇〇メートルとされていたが、割れ目やでこぼこだらけの海氷に、ありあわせの道具で氷を砕く作業は困難をきわめ、五〇〇メートルがやっとだった。約五〇〇トンの氷を移動させるのに二四日間もかかったが、気象観測もその間つづけている。

滑走路のはずれに高さ六メートルほどの氷丘があった。六人が乗って重い飛行艇は、滑走路いっぱい走ってようやく浮いたので、この丘の上をわずか三センチほどの余地をのこすだけで飛びこえた。「この数秒間は、私の一生のなかで最も息づまる瞬間だった」と、アムンセンはこのときの恐怖を自伝に書いている。一カ月ちかくも飛行艇が消えたままだったため、アムンセンらがすでに遭難死したとみていた世界の耳目は、ここでまた驚かされることになる。

日本へ来たアムンセン

あくる一九二六年（大正一五）の四月一三日、アムンセンとエルズワースは再びシュピッツベルゲンのキングス湾に現れた。こんどは飛行船を使って北極点に到達し、さらにアラスカへと横断する計画である。有名なリンドバーグによる大西洋の初横断飛行はこれより一年後のことだから、アムンセンによる北極海の横断飛行計画は、航空史の上でも画期的であろう。

アムンセン（左）を後援したエルズワース（その右）。右はバード（ニューヨークで）

このとき、同じキングス湾で飛行機による北極点往復をすべく、最新鋭小型機フォッカーを持ちこんできたのが、アメリカの探検家バードである。海軍兵学校出身だが航空隊に転じ、グリーンランド探検隊に加わって極地飛行に自信をつけ

第一萬四千七百六十一號

THE TOKYO AS

青年のやうな元氣で 巨人アムンゼン氏來る

太平洋横斷は日本でやれと 出迎へに賑ふ船上の縱横談

港外

昨年

任務

家族

東京驛の人波 休憩の後明治神宮へ

平和

パリ

来日したアムンセンの様子を伝える『朝日新聞』(1927年6月21日夕刊=22日発行)

た。のちに南極を主舞台に大活躍するようになるが、バードはアメリカの軍事力と軍事目的を背景にしたものだから、アムンセンのようなあくまで個人の冒険精神と個人的資金に終始した探検とは意味が違ってくるだろう。

そのバードは、アムンセンらの三日前に飛びたち、一五時間でみごとに北極点の初往復飛行に成功した。極点という意味では、ピアリーに次ぐ二度目の到達というわけだが、二度目にたいした価値はないから、バードの場合は飛行機で成功したという手段の方が重要だった。アムンセンはキングス湾でバードの成功を祝し、次は南極点飛行をねらうバードに助言もしている。

三日後の五月一一日、アムンセンらの飛行船「ノルゲ号」*はまず極点をめざして出発した。この飛行船はもともとイタリア空軍のものだったが、こんどもエルズワースの出資で買いとった。ただ飛行船の操縦や整備まではとても習得にまにあわないので、飛行船設計者ノビレ以下六人のイタリア人を同乗させていた。なにしろ長さ一〇六メートルの巨体に、二五〇馬力のエンジン三基がついている飛行船である。時速八〇キロ、航続距離五六〇〇キロ。北極海横断にはたしかに有力な乗り物だった。

横断は見事に成功し、それは極点を通ってのものだから、アムンセンは南北両極点に達した最初の人類となる。その様子を、アムンセンが日本へ来て自身で講演した内容から引用することにしよう。

アムンセンが来日したのは、成功の翌年にあたる一九二七年（昭和二）の夏である。報知新聞社の主催で、東京や大阪の講演会場は、場外にあふれた人々が窓から声に聴きいるほどの盛会だった。ときにアムンセン五五歳。このときアムンセンの講演を熱烈なまなざしで聴きほれていた青年のひとりに、のちの極地研究家・加納一郎がいた。

京都出身の加納一郎は、中学生のころから極地探検にあこがれ、北海道大学にすすんで登山や山スキーの訓練にはげみ、また雪と氷についても当時として最もすぐれた研究書を出している。しかし残念ながら結核を病んだために探検を実践することができなくなり、もっぱら著述や翻訳・編集などをつうじてジャーナリストとしての啓蒙活動にはげんだ。のちの日本人探検家のなかには、加納一郎の影響をうけて育った人がたくさんいる。*

その加納一郎は、アムンセンの講演内容を『極地を探る人々』という自分の著書のなかで紹介した。これは二〇年ほども後になって少年向けに書かれた本である。アムンセンの最後の業績となったこの北極横断については、加納一郎に敬意を表して、この本から引用するかたちで紹介したい。

飛行船による北極海初横断

場外にあふれた聴衆にも、あけはなたれた窓のそとから、アムンセンの声はよくとおった。

「七時ごろになって風がおさまったので、航空船を格納庫から引き出し、隊員一七名がのりこみました。各地からの気象通報は、北極の空をとおってアラスカまで北氷洋を完全にのりきろうとする私どもにとっては、いずれも好(この)ましいものばかりでした。いよいよ航空船の引綱がはなれて上にのぼりはじめました。八時五五分です。やがて両側の発動機が動き出す。発動機は船の両側ともう一つ後方とにあり、これには二人ずつの機関士がつきそっていました。前方につりさげられた運転室には、あとの一一名の隊員がのりこんでいたので、ひじょうにせまい思いをしましたが、みなうちそろって熱心にそれぞれの任務についてくれました。

私はこの探検隊員のなかにオスカル・ギスチングを加えました。彼は私と南極へのソリ旅行をともにした男であり、こんどの探検がもし成功するならば、南北両極に達することになるので、この栄光をひとりじめするにしのびない私は、ギスチングをとくに隊員にえらんだのであります。

さて、シュピッツベルゲンの山々は次第に遠ざかって行きます。群島のはしまで送ってきてくれたバードの単葉機も、やがて翼をふって、別れをおしみながら南の方へ行ってしまいました。もうわれわれ一七人だけが、極地の海と空の見はるかす氷と雪の世界にとりのこされたのでありますが、さいわいにしてエンジンの調子はよく、風は追風でノルゲ号は高度三〇〇から四〇〇メートルのあいだを八〇キロくらいの平均時速ですすんで行きます。

見おろすと、ところどころ氷が割れて、海面が黒くあらわれています。そして時にはその水面にアザラシが顔を出していたり、氷原上に白クマの足あとが長くつづいていたりして、われわれをたのしませてくれます。それに日が高くなると葉巻型の航空船の影が、真白な氷原の上にくっきりとうつって、いっしょについてきます。

北緯84度をすぎると、もう生物の影は見えなくなりました。北緯88度、ちょうど一年まえ飛行艇で不時着して苦労をかさねたところの近くをとおったのが午後の九時ごろでした。私はエルズワース君やラルセン君らとその時のことを思い出しながら、今こうしてらくらくと航空船の上から、デコボコの氷の原を見おろしていかれるのが、とてもありがたい気持でした」

講演のすすむにしたがって幻灯板(げんとうばん)（スライド）はつぎつぎととりかえられて行く。人々は自分たちもその飛行船にのって北極へ近づいて行くような心持ちになって聴き入っている。

東京で講演するアムンセン。花輪に「東京朝日新聞社」の字が読める

「しかしわれわれの前には、いつも幸運がよこたわっていたわけではありません。北緯88度をすぎると、まもなく向こうの方に大きな雲が見え、やがて航空船はそれにつっこんで行かねばなりませんでした。雲の中に入ると霧のほかには何も見えません。それでわれわれは高度を次第にあげて、この雲の上に出ようとしました。六〇〇メートルから一〇〇

〇メートルへとのぼって行きました。ヒツジの毛のようなモクモクした雲が脚下に見えるだけです。

そのうちに北緯89度をこえました。雲中飛行二時間でやっと見晴らしがきくようになりましたが、あいかわらず、海には氷がはりつめ、真夜中の太陽がにぶくこれを照らしています。クロノメーター（精密時計）とサン・コンパス（太陽の位置をはかる器械）とを見くらべながら、航空船の位置の測定をやっているラルセン君は、いよいよ北極の近づいたことを知らせました。ちょうど五月一二日午前一時三〇分でした。われわれはついに北極の上空に達したのです。

発動機は回転をゆるめ、ノルゲ号は静かに旋回をはじめました。小さな窓から、私はノルウェーの皇帝からいただいた国旗を、つづいてエルズワース君はアメリカ大統領から預かってきた合衆国の国旗をなげおろしました。隊員たちの顔は感激にかがやいています。しかし一同は決してぼんやりしていたわけではなく、それぞれこの地球の頂上における科学的な観測をできるだけ多く試みようと、熱心に作業をつづけています。

そのうちにノルゲ号は船首を立てかえてまた一直線にすすみます。今まできたと同じ方向に飛んでいるのでありますが、北極をすぎた一瞬から方位はまったく反対の南を指すわけです。こうしてわれわれはアラスカのバロー岬をさして飛ぶのです。

ところが、実はこれまでのコースの大半、すなわち北極の大西洋がわの海については、今日までの探検家によってあらましのことが知られていたのであります。しかし北極からベーリング海峡までの間の北氷洋についてはほとんど何もわかっていなかったのであります。このあたりの海へは、これまでどの探検家も入っておらず、そこには夏でも氷がうちつづいていて、船やソリではとても近よれず、探検家のあいだではこれを氷極と呼んでいるほどであります。その上空をこれからノルゲ号は飛ぼうというのであります」

さすがに世界じゅうを講演してまわっただけに、アムンセンの話は、極地についての知識をまったく用意していない人々にとってもいたってわかりやすくすすめられて行く。

「海の上にはりつめて千古溶けることを知らない氷は破れては積み重なり、割れてはまた盛りあがったりして、はげしい乱立堆積のすがたを現し、にぶい光に照らされて灰色の影を長く引いています。あたかも大暴風に荒れくるった大洋の波が、そのまま一瞬に凍りついたような、見るからにすさまじい光景で、このような景色はいまだだれも見たことがなかったでしょう。

氷極地帯をとおりすぎたと思うと間もなく、一二日午前八時、またしても前方に雲が現れました。雲に近づき、雲のなかに入りかけると、その雲の上に美しいニジが眺められ、それと同時にノルゲ号の影が雲にうつってなんともいえず美しい景色です。しかしそんなものに見とれているわけには行きません。われわれはまた高度をあげて、その雲をさけて南へすすみます。

ところがどうしたことか故障ができて、ラジオがきかなくなりました。これまで一生けんめいに北極上空通過の感激の情景を世界じゅうの新聞社におくりつづけていたニューヨーク・タイムズの記者ラム君はがっかりした顔つきで私のところにやってきました。それよりなお困ったことはアメリカ側の気象通報が入らなくなったことです。気象係のマルムグレン教授は、いらいらしながら何度も受信機の前にきては思案顔です。アラスカ方面の無電局をいくらよんでも手ごたえがないのです」

「そのうちに雲はいよいよこくなり、風もやや強くなってきた。地図の空白の部分を飛んでいるわれわれには、いつどこに大きな山が現れるかもわからない。山にぶつかってうち砕かれるか、雲だと思ってつきすすんで、海のなかに頭をつっこむか。そういう危険がある一方では、船体に氷がはりつきはじめました。この大きな船体（長さ一〇六メートル、容積一八万立方メートル）が氷につつまれ、それがしだいに厚くなって行く。その氷の重さを考えただけでもぞっとするほどです。

それにいけないことはプロペラに凍りついた氷が厚くなると、振りとばされ、そのとがった氷が船体にぶつかって穴をあける。穴があくとガスがもれる。ガスを入れた袋はいくつにも仕切ってはあるが、重さがます一方で、ガスが逃げれば航空船はどうなるでしょうか。そのために機関士はエンジンをとめて発動機やプロペラの氷をはらいおとしたり、雲のなかからのがれ出るためにいろいろと苦心をしました。雲の上に出てしまえばよい。しかしそのためにひじょうなガソリンをくう。いろいろ考えたすえ、われわれは低空飛行をすることにきめました。

そうこうしているうちにもノルゲ号は刻々とアラスカに近づいて行きました。時々みえる海上の氷には、しだいに割目が多くなって、陸地が近いことが想像されます。五月一三日の午前六時五〇分、運転室のまっさきに立って望遠鏡を手にしていたラルセン君が、『陸地！　陸が見える』と大声でさけびました。北極地方のように陸も海も一面に同じような氷雪におおわれているところでは陸と海と、時には空との区別さえつけるのはひじょうに困難です。しかしラルセン君の目はたしかでした。

それから一時間のちには、われわれはまちがいなくアラスカの海岸に近づいたのでした。だが陸地は霧におおわれていて、山河のすがたがはっきりと見わけられず、このまうっかり内陸にとびこめば、どんな山にぶつかるともかぎりません。燃料はいくらありますか？　あと七時間は大丈夫という答えをえましたので、私は海岸線にそうてアラスカ西海岸の方へまわることにしました。太平洋岸の港ノームへ降りようと考えたのです。

ところがベーリング海峡の方へ出るとまた天候が悪くなり、船体は吹雪になやまされはじめました。そんなわけで、ついに風のやみ間を見つけて名も知らぬ寒村におりることにきめました。着いてみると、そこはノームから北西一四〇キロにあたるテラーという部落です。見なれない大きな船が空から現れたので人々は非常におどろいたようですが、また親切に着陸の手助けをしてくれ、一四日の午前八時われわれは一人のけが人もなく、地上に足をつけることができました」

アムンセンは成功の歓喜に目をかがやかせながら、なおも話をつづける。

「キングス湾からテラーまでの航続距離五四五六キロ、所要時間七〇時間、時速七〇キロから八〇キロというよたよたした足どりで、氷と雪のほかには何もない極北の海と空とをつきすすんできたのです。そうして今までだれも試みたことのない北極の上空をとおって大陸から大陸へ、北氷洋の横断飛行を完成したのであります」

アムンセンの遭難

極地をめざした探検家たちには、偉大な業績をあげたり悲惨な最期をとげたりした劇的生涯の人物が多いが、それらのなかでアムンセンほど数々の大計画を成功させ、栄光に輝いた人はほかにないだろう。それというのも、アムンセンが強烈な冒険精神と綿密な予備調査、そして科学的正確さと同時に、必要なときは思いきった賭けに出る大胆さなどを併せ持った不世出の大探検家だったからである。南極点到達のさいに示した万全の用意周到ぶりで、このことはよく理解されよう。

北極海横断を最後に、アムンセンは第一線の活動を引退して、著述や後進指導の静かな余生を送るつもりでいた。ところが、日本へ来た翌年の一九二八年（昭和三）六月、この偉大な探検家が、五六歳の誕生日を迎える前に、思いもよらぬ事件によって北氷洋に消えてしまうことになる。その原因は、北極海横断のとき飛行船ノルゲ号を操縦させたイタリア人ノビレにあった。

ノビレは、一言でいえば「恥しらず」であり、身のほどを知らぬ売名欲のかたまりのような男だった。たとえば横断に成功した直後、ノビレはその体験記を、アムンセン隊長と出資者エルズワースを無視して勝手にアメリカの新聞に無線で送ったりした。アムンセンの制止も聞きいれない。探検の功績を自分の力のせいにしようとしたのである。この背徳行為にはアムンセンも激怒したが、まさかこの男のおかげで命を落とすことになろうとは知るよしもなかった。

ノビレは飛行船技師ではあっても、探検家としての経歴も知識もまったくない。アムンセンに雇われて北極を横断した経験があるだけである。それが自分の力を過信し、こんどは自身で隊長になって北極探検をやろうとした。新しく飛行船をつくって「イタリア号」と命名し、一九二八年（昭和三）の五月二四日、かのキングス湾から北極点へ飛びたったのである。

北極点まではなんとか着いたので、これでノビレ隊は四度目の極点到達者ということにはなった。しかし帰りに雲の中で飛行船に氷がはりつき、重くなって落ちてしまった。落ちたとたん運転室が船体から離れたため、軽くなってまたどこかへ飛び去り、エンジン室の七人はそれっきりになった。運転室の一〇人は絶海の氷原にほうりだされてしまったので、かれらはそこにテントを張った。一人は負傷がもとで死亡、生き残った九人のうち三人はいちばん近い島へ向かって氷上を一四〇キロほど救援依頼に歩きだした。

故障していた無電が一二日目になおり、SOSが発せられた。遭難したノビレ隊がまだ生きているニュースが世界に流れると、各国から救援の飛行機や砕氷船が出た。しかし遭難者がまとまっていないうえ、救援機が不時着してそのためまた救援機が出るなど、世界の新聞はこの騒ぎでしばらくもちきりになった。

結局ノビレ隊の遭難は、歩きだした三人のうち二人のイタリア軍人がソ連砕氷船に救われた。残された一人はスヱーデン人の気象学者マルムグレン教授で、これは足の負傷のため途中で動けなくなり、置きざりにされて死んだ。助けを待っていた六人は結局救われたが、最初に一人だけ乗せてきたスヱーデン機にノビレ隊長が乗っていて、しかも二人目のとき救援機が不時着してしまった。負傷した隊員より自分だけ先に助かろうとしたノビレに世論は憤激した。ノビレはさまざまな背徳行為があったので、のちに退役処分を受けた。

そして、アムンセンもまたこの遭難事件に心を痛めた一人だった。イタリア号には、ノルゲ号のとき重要な役割を果したマルムグレン教授も乗っているし、何よりも北氷洋についていちばんよく知っているのはアムンセンであり、彼が救援にのりだすことには世界の大きな期待が寄せられていた。

六月一八日、フランスの大型飛行艇にのってノルヱー北部のトロムソ港を出発したアムンセンは、それっきり消息をたった。ノルヱーから四隻の船が、フランスからは三隻が、ソ連も二隻の砕氷船が捜索に出航し、各国から出た飛行機は二〇機をこえた。しかし何日すぎても手がかりはなかった。

アムンセンの生涯を紹介する加納一郎の文章は、次のように結ばれている。

「かくして探検から探検へ、家庭をもつこともなく全生涯を極地の詳問訊究に投入してきた探検家は、北西航路の初通航、南極点への一番乗り、北氷洋の横断飛行という三つの功績を残して、氷雪至上の高絶に命をはてる結末となった」

アムンセンの乗った飛行艇の破片がノルヱー沖で発見され、遭難が確定したのは、その年の一〇月になってからであった。

あとがき

アムンセンは、北極で遭難したイタリア探検隊救助に向かったまま二重遭難で死ぬことになりますが、その前年発表した自伝『アムンゼン探検誌』（ノルウェー語の原題は「極地探検家としてのわが生涯」）のなかで、探検と冒険とを論じつつ、次のように書いています。

「探検家は誰でも冒険をもつ。そして冒険をきりぬけることにスリルを感じ、それをかえりみて楽しみとするが、しかし探検家はけっしてかような冒険を捜し求めているものではない」（加納一郎訳から）

未知をさぐることが探検の目的なのですから、安全にできればそれにこしたことはなく、南極初到達に、もし安楽イスにすわったまま雪上車でいけるものならばアムンセンはそうしたでしょう。しかし人類の最前線をゆく行為とは、要するに「何があるのかわからぬ世界」に突っ込んでゆくことなのですから、どんなに万全の用意をしても、なお賭けの要素をゼロとするわけにはゆかず、そこに冒険が必然的にともないます。「万全の用意」とは、限りなく冒険を少なくして成功させるためのものですから、アムンセンがいうとおり、わざわざ「冒険」そのものを「捜し求めているものではない」のですが、かといって冒険が完全なゼロとなることもまた、最前線にはありえないでしょう。

アムンセンとスコットによって行なわれた「史上最大の冒険レース」といった表現は、いささか煽情的にすぎるという見方もできますが、右のように考えれば事実がそのとおりだともいえる。アムンセンもスコットも、明白に死の可能性を背負っての極点到達競争でした。ただアムンセンの方が「万全の用意」の点で数段まさっていたということであって、そこに冒険がなかったなどとはまったくいえません。探検や冒険についての認識が、残念ながら西欧に比べてはるかに浅いわが国では、このあたりのことがよく誤解されがちです。

さて本書では、アムンセンとスコットというたいへん異なる個性が演じた「史上最大のレース」について、同時進行的に検証する方法を試みました。これまでどちらかというとスコット隊の悲劇があまねく知られ、しかも同情的・浪漫的に理解され、他方ではアムンセン隊がどのように成功したかが具体的には知られていなかった傾向があります。何よりの証拠に、人類として南極点に初到達したアムンセンの遠征記『南極点』が、いまだかつて一度も日本語に全訳されていないのです（部分訳や抄訳はあったが）。一方、スコット隊の記録にしても、第三者（支援隊員）のチェリー＝ガラードによる分析の書『世界最悪の旅』は加納一郎氏による全訳があるものの、かんじんのスコット自身の長大な行動日誌はまったく訳されていません。つまり世界的古典としての両雄の原著作を、日本語で読むことは未だにできないのであります。これでは両隊について日本での認識が浅いのも当然といえましょう。

同時進行的検証の結果は本文にみられるとおりです。これは日本の白瀬隊も含めた三隊の検証にもなっています。もちろん私の主観的検証ですから、ほかの見方もありうるわけですが、事実関係についてはできるだけ正確を期したつもりです。また本書のゲラ刷りの段階で、日本の南極学術探検隊第一次越冬隊長だった西堀栄三郎氏と、同第一次・三次両越冬隊員だった北村泰一氏の校閲をいただき、有益な助言を受けることができました。

本書ができるまでのいきさつについてかんたんにふれておきたいと思います。

極地の研究で知られる加納一郎氏（一八九八〜一九七七年）が亡くなったとき、有志の間でその著作集の刊行がすすめられました。西堀栄三郎氏をはじめとする五人の編集委員が決まり、まず故人が長年つとめた因縁から朝日新聞社の、著書もいくつか出している出版局に刊行を打診したのですが、これは実現しませんでした。曲折をへたのち引き受けてくれたのが教育社です。ただ条件として、同時に極地探検物語の少年用絵本も出すことになり、その執筆には編集委員のうち堂本暁子氏（ＴＢＳ）と私があたることに決まりました。

堂本氏は、チベットでの取材先からも絵本用の構成案を送ってこられたりして、多忙ななかで熱心にすすめて下さいましたが、加納一郎著作集刊行とあわせるためのぎりぎりの執筆段階にはいった直後、またミクロネシア出張が決まったために、残念ながら共著による絵本刊行は不可能となり、最終的に私が単独で引き受けざるをえなくなりました。私も新聞社で多忙な仕事をいくつもかかえていますから、ひまをみて書くていどではとても追いつかず、夏休みを去年（一九八五年）二週間ほどとってホテルでカンづめ執筆した次第です。実はそれでも少しやり残したので、最後の五〇枚ほどはマニラへ行く船の中で書き、結局は全部で四〇〇枚近い原稿となりました。

しかしながら、このような短時日で一応の本にまとめられたのは、若手の探検ジャーナリスト・松島駿二郎氏の緊急応援のおかげです。本書のうちX章以後のスコット隊の行動については、松島氏の下書き原稿をほとんど踏襲したといってもよいでしょう。もちろん最終的責任は私にありますが、スコット隊に対する基本的な視点は松島氏も私もほとんど共通していましたから、この緊急応援はたいへん助かりました。また構成上のアイデアとして、とくに最初の方は前記堂本氏の案を踏襲させていただきました。

こうして去年の九月には完成したものの、問題は「絵本」としての文章量です。四〇〇枚ちかくにもなった上に、小学生「低学年」には少し複雑にすぎるのではないかと、教育社の担当者が首をかしげます。実は私も、文体は「ですます調」ではあっても、内容はおとなが読むのに堪えるものとして書きました。それに実際問題として、この異なる個性の人間レースは決して単純なものではなく、あるていど複雑たらざるをえません。機械的に量を三分の一にへらす、といったことでは不可能です。妥協点をさぐった末、次のような方法で解決しました。すなわち、これはこれで一般用としてこのまま出す。文体は「ですます調」を「である調」に変える。絵は使わぬかわり、もう死後五〇年以上をへて著作権もなくなった原書から写真を豊富に引用する。そして絵本のためには、本書をもとに少年用としてあとで別に編集する。……こうして、加納一郎著作集とセットで出す約束の本書が誕生した次第です。

じつは本書は、私にとっては新聞記者になって以来はじめての書きおろし単行本です。学生時代のヒマラヤ紀行の本を別とすれば、これまでに「自分の単行本のための原稿」

は一度も書いたことがありませんでした。よく「本を書く」と私は誤解されますが、みんな新聞に発表したルポに加筆してまとめたものか、雑誌などの雑文を編集したものでであります。そんな意味で、学生時代以来ほぼ三〇年ぶりに一気に一冊書いたことになり、なんとなく懐かしさと愛着のある本になりました。

本書によって、極地探検の意味やおもしろさを知った方があれば、探検ジャーナリストの草分けとしての加納一郎氏の著作集を、ぜひともごらんになることをおすすめします。へたなSF小説などよりはるかにスリリングで、かつ考えさせられることが多いことでしょう。

なお、アムンセンによる古典的著作がまだ全訳されていない点については、いま鈴木邑氏の協力を得て教育社から刊行が予定されています。また同氏には、文献下調べでも大いにご協力いただいたことを付記して謝辞に代えたいと存じます。

おわりにノルヱー語（ノルゲ語）の発音について。人名をはじめとするノルゲ語をカナ書きにするとき、むろん原語そのままは不可能にせよ、あるていど原語に忠実であろうとしました。（ただし「ノルヱー」だけはすでに日本語化したものとしてそのまま使いました。）たとえばアムンゼンはイギリス語式（あるいはむしろ日本語式）発音であり、アムンセンがノルゲ語式発音であります。これについては在日ノルヱー大使館・守口恵子氏のご協力を得ました。

一九八六年五月三日（北アルプス・双六小屋にて）

〔追記1〕右の「一般用」とは別の少年用絵本としては、のちの一九八八年に教育社から堂本暁子著『南極にいどむ――アムンセンとスコットの物語』（木川秀雄・絵）が刊行された。

〔追記2〕右の「アムンセンによる古典的著作」たる『Sydpolen』（1912）は、英文学者・中田修氏がこのときすでに全訳にとりかかっておられたので、のちの一九九〇年に『南極点』（ドルフィンプレス）として刊行され、さらに一九九四年に朝日文庫版に収録されている。

〔参考にした主な本〕

Roald Amundsen『THE SOUTH POLE-An Account of the Norwegian Antarctic Expedition in the "Fram", 1910－1912』（translated by A. G. Chater, London, １９１２）

Leonard Huxley『SCOTT'S LAST EXPEDITION』（London, １９１３）

Apsley Cherry-Garrard『THE WORST JOURNEY IN THE WORLD－Antarctic 1910－1913』（London, １９２２＝加納一郎訳『世界最悪の旅』一九四四年、朋文堂＝『加納一郎著作集』一九八六年・教育社、第五巻収録）

R. Amundsen『MY LIFE AS AN EXPLORER』（加納一郎訳『アムンゼン探検誌』一九四二年・朋文堂＝『加納一郎著作集』一九八六年・教育社、第二巻収録）

加納一郎『極地を探る人人』（一九五〇年、朝日新聞社）

Life Nature Library『THE POLES』（日本語版＝加納一郎訳、一九六三年・時事通信社）

木村義昌・谷口善也『白瀬中尉探検記』（一九四二年・大地社）

加納一郎『極地探検』（一九七〇年・社会思想社＝現代教養文庫）

村山雅美・谷口善也・木村義昌『極地探検99の謎』（一九七六年・産報）

Herbert G. Ponting『The Great White South－or With Scott in the Antarctic』（London, １９２１）

Peter Brent『Captain Scott－And the Antarctic Tragedy』（London, １９７４）

『加納一郎著作集』（全五巻＝一九八六年・教育社）
朝日新聞社編『探検と冒険—朝日新聞一〇〇年の記事にみる』（一九七九年・朝日新聞社）

〔註〕

はじめに

13頁＊　七十数年前　単行本初版刊行の一九八六年（昭和六一）現在からかぞえて「七十数年前」なので、文庫版（本書）刊行の二〇二一年からでは一〇九年前にあたる。

13頁＊＊　九十三度四十五分　この数字は新聞の誤りで、アムンセンの記録ではこの日だと89度45分。もともと90度を超えることはありえない。

17頁＊　北極探検の準備　スコットらが南極へ出発したときは、すでにピアリーの北極点到達が報ぜられたあとなので、ツヴァイクの「北極探検の準備を……」は正確ではない。

〈Ⅰ〉宿命の対決

18頁＊　テラノバ号出航　このあとテラノバ号はブリストル湾のカージフに寄ったので、実際にイギリスを離れたのは六月一五日だった。

20頁＊　フラム号借用　アムンセンの『南極点』によると「貸与」なので、ナンセンにゆずってもらったわけではない。『ノルウェー百科事典』によると、建造されたあと国家が二八万クローネで買い上げたとあり、国家の所有になっていたらしい（中田修氏による）。

23頁＊　二人の生年月日　アムンセン（Roald Amundsen）は一八七二年（明治五）七月一六日、スコット（Robert Falcon Scott）は一八六八年（明治一）六月六日。

〈Ⅱ〉極地とは

28頁＊南極圏　北極圏または南極圏とは、一年のうちで太陽の沈まない日が一日以上ある地域のことをさす。これは北緯および南緯66度30分以上の高緯度地方にあたる。

36頁＊リビングストン　イギリスの宣教師で探検家。一八四一年（天保一二）からアフリカ探検を何回も実行したのち、一八六六年（慶応二）にナイル川源流地帯へはいったまま五年間消息を絶っていた。スタンレーはこれをさがすために派遣され、一八七一年（明治四）にウジジで劇的会見となる。リビングストンはその後も帰らず、二年後に北ローデシアで死亡した。

40頁＊冒険と役人　日本の政府や役人のこうした探検精神・冒険精神への無知・無理解は現在でも変わらない。この問題については拙著『冒険と日本人』（朝日文庫＝本多勝一集第12巻『アメリカ合州国』の「ニセモノの探検や冒険を排す」に一部収録）でくわしく検証した。日本人で独創的な研究をする学者などが海外へ「流出」してしまうのもこのことと無関係ではない。

〈Ⅲ〉二人の生いたち

43頁＊兄　アムンセンが自伝『極地探検家としてのわが生涯』（51ページの＊参照）の中でこのときのことを書いた文章では、「兄」ではなくて「仲間」と表現されている。中田修氏の推測によると、後年兄と仲たがいをしたためかと考えられる。

47頁＊ フレデリック＝クック（一八六五～一九四〇）は北極・南極の双方で活躍し、すぐれた探検家として知られたが、一九〇八年二月に九人のイニュイ民族（エスキモー＝五二ページの＊参照）とともにグリーンランドを出発したまま一年半ほど行方不明になった。ところがピアリーが北極点到達のニュースをもって帰る五日前に突然現れ、自分は一年前に先に到達したと発表した。アメリカ探検家クラブが調査したところウソらしいことがわかり、すっかり信用をなくした。のちに石油販売のことで詐欺罪に問われて刑務所に入れられた。功なり名とげていたアムンセンはそのとき刑務所をたずね、かつての友情と指導に恩返しのあいさつをした。「おそらく何か好ましからざる環境が、かつての立派なクックを一変させたにちがいない」とアムンセンは自伝で書いている。

47頁＊＊ 南半球の夏 南極の場合、北半球とは夏と冬が正反対になる。したがってこの場合、「夏が寒い」のではなく、「寒い季節を冬とよぶ」ことになる。

47頁＊＊＊ 壊血病と生肉 壊血病はビタミンCの欠乏によって起きるが、この原因のわからなかった当時、長い航海や探検では悩みのたねだった。しかし北極地方の探検家のなかには、イニュイ民族（エスキモー＝五二ページの＊参照）が壊血病にかからぬことと生肉を食べている点とに気づいてまねている人もいた。

48頁＊ 浮氷 陸地の氷河などから海に落ちてできる氷山に対し、海面が凍ってできる氷を「流氷」とか「浮氷」とかいうが、南極地域ではふつう後者の呼び方をするので、ここでもそれに従う。

50頁＊ 北磁極 磁石の指す北極のこと。実際の北極より千数百キロも南にあり、一八三一年にロスが発見したときはブーシア半島南西部の陸上にあったが、少しずつ移動して今はバサースト島の南、レゾリュートの西の海中付近にある。

51頁＊　自叙伝　この自叙伝『極地探検家としてのわが生涯』は、加納一郎氏の抄訳で「アムンゼン探検誌」として『加納一郎著作集第二巻・フラム号漂流記』（教育社）に収録されている。

52頁＊　イニュイ　「エスキモー」という言葉は、かれらの分布に南接するクリー人による蔑称（「ナマ肉を食う連中」の意＝本多勝一集第9巻『極限の民族』第一部「イニュイ民族」参照）なので、カナダでは自称たる「イニュイ」が使われている。しかしアラスカでは自称が「ユピク」である上に「エスキモー」さえも自称していて差別語とみなされない（本多勝一集第26巻『アイヌ民族』収録の「『エスキモー』か『イヌイ』か『イヌイット』か『イニュイ』か」参照）。

55頁＊　王立地理学協会　一八三〇年に設立され、クレメンツ＝マーカムは一八九三年から一九〇五年まで会長をつとめた。この協会については、拙著『冒険と日本人』（朝日文庫）の付録（本多勝一集第4巻『探検部の誕生』収録の〈付録２〉）にくわしい。

〈Ⅳ〉南極大陸へ

65頁＊　馬と石炭　スコット隊は輸送の主力を馬にもとめたため、寒さにつよい中国東北地方産の小型馬（ポニー）をここで積みこんだ。またアムンセンのフラム号が石油を燃料としたのに対し、テラノバ号は石炭を燃料にしていた。

71頁＊　動力ソリ　ソリに発動機をつけたもので、この探検にさいして初めて南極で使われた。かなり大型で重いもの。雪上車の原型とみることもできよう。

73頁＊　氷山と浮氷　氷山は極地の島や大陸で何千年もかけて発達した氷河が、海に押し出されてできた巨大な氷塊。これに対して浮氷は、海面や川でできた新しい薄い氷。北海道などでは「流氷」という。四八ページの＊参照。

76頁＊　マクマード海峡　大陸とロス島にはさまれているこの海峡は、大氷床で奥がふさがっているため、船が通りぬけることができず、実質的には「湾」とか「入り江」と同じ地形となる。事実、ロスが来たころには海峡かどうかもわからなかったであろう。それにイギリス語 sound は「海峡」も「湾」も「入り江」も区別していない。本書ではとくに統一しないことにする。

〈V〉前哨戦

84頁＊　『フラム号漂流記』　II章の「極地の探検史」でふれたナンセンの北極海初横断（一八九三年）は、のちに『フラム号漂流記』（フラム号の北極海横断＝“*Fram over Polhavet*”）として出版された。これは『加納一郎著作集第二巻・フラム号漂流記』として教育社から抄訳が出ている。さらにのちの一九九八年、太田昌秀氏による全訳『フラム号北極海横断記　北の果て』（ニュートンプレス）が刊行された。

86頁＊　フラムハイム　「フラム」は船のフラム号から。「ハイム」はドイツ語のハイマートに近い意味で、「……の里（さと）」とでもいった愛称。

87頁＊　犬の半数をイギリス隊に　これはアムンセンの自伝（『アムンゼン探検誌』）によるが、中田修氏の検討によると、これはイギリス隊全体（マクマード湾の基地や極点隊も含む）に対して言ったことではなく、このとき会ったキャンベル隊に対してのみ言っている。すなわちキャンベル隊はエドワード七世ランドの探検が目的でクジラ湾に来たので、アムンセンは「それならここに滞在して」探検すればいいし、そのときは犬を貸そう、と言ったのである。

89頁＊ 一五〇〇キロ この距離の正確な算定は困難で、文献によってかなりの差がある。地図上の直線距離だけでもスコット隊が一三九二キロ、アムンセン隊が一二七一キロ（八四ページの＊『フラム号漂流記』の解説から）あるから、実際の軌跡はこれらよりかなり長くなるため、片道の概数一五〇〇キロは妥当と思われる。事実アムンセンの手記は、実走距離を往復二九七六キロとしている。

90頁＊ 一二人のデポ隊 チェリー＝ガラード『世界最悪の旅』（一一六ページの＊参照）では一三人となっているが、これは誤りで、デミトリは基地で犬の世話をしていたので一二人（中田修氏による）。

100頁＊ 四人用テントに五人 チェリー＝ガラードの本第五章「食糧配置旅行」に次のように書かれているが、中田修氏の検討によると、デポ作戦中にこうなったのはこの日だけと考えられる。

日曜の夜（二月一二日）われわれは絶壁デポを出発し中食までに相当の風雪をおかして一三キロ行進した。天気はかなりに寒く、中食テントをたたんで、馬を追って出発して一〇分とたたないうちに本格的なブリザードがやってきた。犬ゾリ隊のほうはまだ出発していなかったので、われわれは四人用テントに五人で野営して寝た。それでも不快では決してなかった。おそらくこの時はじめてスコットは極地到達に五人制を採用する考えをいだいたのではないかと思う。

〈Ⅵ〉「その前夜」の越冬

109頁＊ 冬至　このときの冬至、つまり太陽がもっとも北の地平線から低くなる時点は、グリニッジ標準時だと六月二二日午後二時半、基地付近の経度180度だと二三日午前二時半。

112頁＊ バイキング　昔の北欧を根城にしていた海賊で、イギリスなど西欧の海岸諸国をしばしば襲撃した。「聖ハンス祭」（サンタンス＝アフテン）は魔女を追いはらうノルエーのお祭り。

112頁＊＊ 矢投げ　標的めがけて手で矢を投げつける遊び。なお「ソールベイの歌」はグリーグの『ペールギュント』の中で歌われる「ソルベーグの歌」のこと。

116頁＊ 世界最悪の旅　スコット隊の全行動をのちにチェリー＝ガラードがまとめた有名な本に『世界最悪の旅』"*The Worst Journey in the World, Antarctic* 1910～1913"があり、教育社刊『加納一郎著作集』第五巻にその全訳がおさめられている。（のち一九九三年に朝日文庫版が出た。）この題名は、スコットたちが南極点到達後に遭難死したことを指すように考えられがちだが、直接的にはチェリー＝ガラードの加わった三人の科学隊の旅を指す言葉である。

125頁＊ 雪盲　まわりがすべて雪におおわれている高山や極地では、明るすぎて目が生理的に対応できず、炎症をおこして重大な障害をもたらす。これを防ぐために色めがねをかけるが、イニュイ民族（エスキモー）などは木の板に細い穴をあけて光線をしぼったものを古くから使っていた。

なお極地の夏は夜も太陽が沈まないが、その位置が低くなるために日ざしは弱まり、気温も低目になる。

127頁＊ 液体　羅針儀（磁気コンパス）の液体にはエチルアルコールと蒸留水の混合液が使われて

いる。

〈Ⅶ〉南極点への旅立ち

133頁＊　五人の隊員　五人のローマ字氏名（名・氏）は、次の通り。Roald Amundsen, Helmer Hanssen, Oscar Wisting, Sverre Hassel, Olav Bjaaland.　五人とも四〇歳前後の同世代である点、スコット隊の五人の構成（二〇代から四〇代）と対照的である。なお、アムンセン以外の四隊員の年齢は原書に出ていないので、ノルエーのフラム号博物館に問い合わせたところ、生年を知らせてくれた。月日は不明なので、この年齢は一九一一年末現在（つまり南極点到達後）の満年齢とする。

138頁＊　エバンズ　スコット隊には「エバンズ」が二人いたため、両者を区別して幹部隊員の方は「エバンズ大尉」（のち少佐に昇進）と書かれ、下士官の方は「水兵エバンズ」と書かれていた。最後の極点到達隊五人のなかに加えられるのは「水兵エバンズ」の方である。

150頁＊　地名の命名　たとえば世界最高峰は「エベレスト」とされてきたが、もともとチベット語のチョモランマ、あるいはネパール語のサガルマータという名が地元の人々によってつけられていた。そこへイギリス人が勝手に自分たちのインド測量局前長官の名をつけたものである。最近は現地名に次第に改められつつある。

151頁＊　悪天候　スコット隊長の一一月一三日の日記によれば、北東からなまぬるい風や雲がきたらしい。となるとロス海の開氷域の海面から湿度の高い風がきて、ビクトリア＝ランドの山にあたり、ベタ雪をふらせた可能性もある。

155頁＊　犬の数　アムンセンは出発時ソリ四台に各一三匹で、このとき四二匹だから、一〇匹失っている。しかし記録『南極点』をみると、三匹解放、五匹射殺、三匹脱走で、計一一匹失ったはずだ。校閲者の指摘により、訳者の中田修氏も点検した結果、ノルヱー語の原著・原稿・英語版も日本語訳と違わぬことが判った。出発時に各ソリ一三匹のほか補欠犬があったのかもしれないが、真相は不明。

160頁＊　ナンセンの生涯　ナンセンの伝記として、A＝G＝ホール著『ナンセン伝』（林要訳、岩波新書）がある。

〈Ⅷ〉山岳地帯を越えて

165頁＊　サスツルギ　sastrugi（ロシア語の zastruga から）＝極地や高山で強風が雪面を削って生ずるかたい雪（あるいは氷化したもの）の波。大きなものは高さ二、三メートルになる。スカブラ（skavler＝ノルヱー語）ともいう。

166頁＊　標高三二三〇メートル　アムンセンの原著のうち、高さについての中田修氏の註釈を、『南極点』の「訳者あとがき」から以下に引用する。

底本で用いられている種々の数量単位は二つを除いてメートル法その他日本でも用いられているものと同じです。例外の二つは主として高さに用いられる「トンメ」と「フォート」という単位です。そのうち「トンメ」はインチとほとんど変わらないのでインチとしました。もう一つの「フォート」はフィートより少し長く、英語訳版では小さな数値ではそのまま、大きな数値では換算してフィートとしています。ところが「南極の歴史」の章の中でアムンセンはイギリス人のスコットやシャックルトンの業績を扱う部分で、両者が用いているフィートを、大きな数値（たとえばエレバス山の標高一万三三七〇フィート）でも換算せずにそのままフォートに置き換えています。つまりフォートをフィートと同じに用いているわけです。したがってこの日本語訳では、それを逆にして、換算なしにフォートをフィートに置き換えました。そのうえで適宜〔 〕内に概算のメートル換算値を示しました。（ドイツ語訳版ではメートル換算値のみを用いていて、その換算値から逆算してみると、フォートをフィートと同じに扱っていることがわかります。）

167頁＊ 空気圧で音 コンロの中の石油を空気圧で点火口に噴出させ、気化させて燃やすので、ゴーゴー音がする。

167頁＊＊ ペミカン ふつうは干し肉とラードをまぜたものだが、アムンセン隊はさらに野菜とオートミールを加えた。

168頁＊ 犬を食べる 使用犬を食用にすることに強い反感を抱く人が一部にあるので、さらに説明しておきたい。たとえば農耕馬や競馬ウマなどにしても、すべて馬肉として食用にされるし、乳牛もいずれは食用にされる。農村で私たちはウサギやニワトリを飼って可愛がったが、それらもすべて自分で食べた。生存のために食べることと、いたずら半分やスポーツによる不必要な動物虐待とを混同してはなるまい。なおイルカについては、個体数の少なくなった種は保護の必要があるが、明らかにふえている種については、それが「利口だから」という理由だけで保護されるとしたら、生命に対する差別思想となろう。この検証については本多勝一集第25巻『日本環境報告』収録の「なぜイルカなのか?」および同第24巻『大東亜戦争と五〇年戦争』収録の「イルカだけが問題なのではない」参照。

１７２頁＊ **非天測推定**　船や飛行機などが自分の位置を知るのに、太陽や星による天体からの測定ができないときの、推測による算出。ここではソリにつけた距離計などから推定。

１７４頁＊ **七三〇メートル**　アムンセンの原著は二二〇〇フィート（六七〇メートル）低くなったとしているが、これは最低部の位置（標高八二〇〇フィート）と測定部の位置（同八四〇〇フィート）を混同したために二〇〇フィート（六〇メートル）の間違いが生じたと考えられる。肉屋さんデポの標高は一万〇六〇〇フィート。この問題について、中田修氏がアムンセン『南極点』のノルエー語原稿・原著や各国語版を検討したところ、次のようになっていた。

	肉屋	氷河を２００fot登った野営地	氷河のふもとのデポ	肉屋からの差
日本語訳（朝日文庫）	１０６００feet（３２３０m）	８４００feet（２５６０m）	８２００feet（２５００m）	２２００feet（６７０m）
原稿	１０６００fot	８４００fot	８２００fot	２２００fot
原著	１０６００fot	８４００fot	８２００fot	２２００fot
英語訳	１０９２０feet	８６５０feet	８４５０feet	２５７０feet
ドイツ語訳	３２２０m	２５２０m	２４６０m	７００m

結局すべて誤りのようだ。「どうも、アムンセンが比較の対象をカン違いしたと考えざるをえません」（中田修氏）

179頁＊　ソリの重量　下氷河デポをつくり、犬を帰らせたあとの重量は、チェリー＝ガラードの記録にはないが、ウイルソンの日記（一二月一一日）からすれば一人あたり約二〇〇ポンド（九〇キロ）だった。

〈Ⅸ〉アムンセンの勝利

183頁＊　風雪「吹雪」の雪は空からふってくるが、「風雪」あるいは「地吹雪」の雪は強風のため地上の雪がふきとばされてくる。猛吹雪のときはもちろん双方が入りまじる。

188頁＊　地理マイル　赤道上の経度1度分の長さに相当し、一地理マイル（geographical mile または海里＝nautical mile）は一八五二メートル。これにたいする普通の一マイル（陸マイル＝statute mile）は一六〇九メートル。航海上や極地では地理マイル（海里）が使われるので、本書でもそれにしたがっている。

188頁＊＊　零下二八度　アムンセンの手記に気温のその都度の測定時間はないが、原則として出発時とみてよい。

190頁＊　一四日　この日付は正式のものだが、アムンセンの原著の記録は日付変更線を無視（省略）しているので、一日おくれて「一五日」とされている。

194頁＊　ブライア　パイプの材質には「ブライア」とよばれる南欧原産のバラの木の根がいちばんよいとされている。

196頁＊　かなりの旅　このとき三人はばらばらになって各人が自力で方角を決めながらの旅だったので、荒天にでもなれば危険であり、その意味でも緊張した出発だった。

196頁＊＊　真の90度　この場合緯度で5分半のズレがある。1分は約一・八キロなので一〇キロほどのズレに相当し、半径二〇キロなら十分にカバーする。

197頁＊　テレマーク＝スキー　テレマークは回転技術のひとつ。クロカンのようにスキー靴のカカトが上り、片ひざを深くまげる方法で、ボーゲンや最近のクリスチャニア以前には盛んだった。とくに山での深い雪に適している。

198頁＊　最も極点に近い場所　このときの測定値は、帰国後に天文学者と数学者に委託され、結果はアムンセンの報告書に付録として掲載されている。それによると最後の極点のテント（ポールハイム）の位置は、およそ南緯89度58分05秒で東経60度とみられる。そしてそこから放射線を七キロ出したとき、この計算による本当の南極点そのものをほんの二、三百メートル以内の近さで通ったとみられている。

〈X〉スコットの敗北

205頁＊　水兵エバンズの負傷　このときのケガについて、エバンズは極点行進隊に加えてもらいたい気持ちもあって、スコットらに隠していたか、あるいは「何でもない」と言っていたらしい根拠を、中田修氏は次のように推理している。

私の根拠は、スコットの日記に一月七日になって初めて出てくるからです。そしてウイルソンの日記でも同じく初出が一月七日です（このときにはすでに五人だけになっていました）。ウイルソンは医者ですからもっと早くわかる立場にあり、わかれば患者として記録すると考えられます。あるいは知っていても、（スコット同様）エバンズの言い分を信じて、何でもないと考えていたのだ、と思われます。ですからスコットが傷を知っていながら、あるいはスコットだけが軽く考えて、決定をしたとは言えないのではないかと思います。

208頁＊　北村泰一　九大理学部教授。超高層物理学専攻。日本南極地域学術探検第一次越冬隊（一九五七年）および第三次越冬隊（一九五九年）に参加。著書に『南極第一次越冬隊とカラフト犬』（教育社）『カラフト犬物語』（同）など。

209頁＊　選ばれた四人　北村泰一氏は、極点行進隊に選ばれた四人について、その理由を次のようにみている。そのとき健康であるという条件以外に、ウイルソン——スコットの信頼する友であり、頼りであるので参加は当然。むしろスコットの方から依頼したという可能性がある。エバンズ——若さと力、ディスカバリーのときのソリ旅行の実績を買われた。バワーズ——初めは「日帰り隊員」であったのに、航海中に示した能力を買われ「越冬隊員」に。そして遂に「極点行進隊員」。スコットはよほどこのバワーズの能力を買っていたに違いない。オーツ——この人の参加理由が一番考えにくい。インニスキリング竜騎連隊、つまり陸軍であるので、陸軍の代表として、という理由が一番考えやすい。（「一人でも多くの人に極点を踏ませたい」の理由にはいる。）一〇〇〇ポンドを隊に寄付し、無給でよい、と申しでたことも、スコットの対オーツ観にはプラス要因であったろうが、このことだけで選ばれたとは考えにくい。また、オーツが馬についての熟達者であったこともそのプラス要因であったろうが、馬を断念し人曳きソリとなった極点行進に、馬の熟達者としてのオーツを連れてゆかねばならぬ理由は何もなかった。結局「陸軍の代表として」が一番考えやすい。

210頁＊ 極点隊を九キロ送る　この「九キロ」について、中田修氏は次のような検討により、もっと短いとみている。

たしかにチェリー＝ガラードの著書の中のラッシリーからの引用では五（地理）マイル送っていった、とありますが、私は送っていったにしては、これは長すぎるように思っています。チェリー＝ガラードの同じ本の別の個所には、バワーズからの引用があって、「彼らは一（地理）マイルほどついてきた」とあります。また、帰還隊の引率者のエバンズ大尉の回想記には、南緯87度34分から引き返した、とあります。直前の野営地は87度32分ですから（スコット・ウイルソン）、差は2分、つまり二海里ほどで、三・六キロほどになり、私は最大でこれくらいと考えます。ラッシリーの日記だけを集めた本では、チェリー＝ガラードにある引用と違って、この距離は書いてありません。また、スコットは送ってきたことは書いていますが距離は書いていません。ウイルソンは送ってきたこと自体書いていません。

218頁＊ 何ということか！ ここの原文はGreat God! This is an awful place and……となっている。このGreat God!を「神よ……」と訳している例（加納一郎氏も）がしばしばあるが、中田修氏は次のように見ている。

この「神よ」は誤りだと思います。文脈からみてもちぐはぐの感じがします。原文のGreat Godは失望・不満・怒り・驚きなどの感情を表わす間投詞でしょう。私はうまい訳語が見つけられず、拙訳では文中に「実に」を入れてその気持を含めることでごまかしました。その後、乾侑美子氏が「なんということだ！」と訳しているのを見つけ（同氏訳『ピーター・スコット』偕成社）、いまはそれに倣って「なんということか」としています。

219頁＊ イギリス国旗 この「哀れなユニオンジャック（イギリス国旗）＝ poor slighted Union Jack」を、中田修氏は「ふびんにも肩身の狭そうな英国国旗」と訳している。またこのときのスコット隊の行動を、中田氏はスコットとウイルソンの記述から次のように整理した。

1 一七日の観測で極点ときまった位置（南東方向へ、スコットでは三・五海里、ウイルソンでは三海里四分ノ三）へ向かって出発した。

2 途中でアムンセンの残したテント（ポールハイム）へ着いた。（これは出発前にテントらしいものが見えていた。）ここまで二海里（スコット）。

3　残り一・五海里進んで、極点の位置へ着き、ここを自分たちの「極点キャンプ」の場所とした。ここで昼食、雪塚つくり、国旗掲揚、撮影などをした。二分ノ一海里南に黒旗が見えたので、ウイルソンが取りに行った。

4　天測をして、さらに四分ノ三海里北へ旗を移し、極点の位置の正確を期した。（ウイルソンは二分ノ一海里南東へ。これは磁石の南東で、実際は北。）旗は移したが「極点キャンプ」は変更せず、もとのまま。

5　午後、帰途につき、北へ「極点キャンプ」からの距離で六・二海里（ウイルソン同）進んでこの日の夜営をした。

〈XI〉アムンセン隊の大団円

225頁＊　オオトウゾクカモメ　トウゾクカモメの仲間では一番大型で、南極周辺に繁殖し、五、六月ごろ日本近海にも現れる。

228頁＊　郡司大尉　郡司成忠（一八六〇〜一九二四）のこと。幸田露伴は実弟にあたり、千島の探検・開発や北方漁業開発につくした。日露戦争ではカムチャツカ半島で戦う。伝記に広瀬彦太『郡司大尉』（鱒書房・一九三九年）などがあり、夏堀正元『北の墓標』（中公文庫）はその生涯を小説化したもの。白瀬は郡司とともに千島も探検したが、千島探検は北極探検の一過程と考えていた。

229頁＊　佐々木節斎　国学者・平田篤胤の門弟で医者。蘭学にも通じ、西洋事情に明るかった。白瀬の北極探検の強い意志を知ると、冬でも火にあたらぬような耐寒訓練を忠告し、白瀬も実行した。

〈XII〉スコット隊の悲劇

244頁＊　石油もれ　その原因として、極寒地における錫（すず）の金属疲労（結晶構造の変化）が有力視されている。E＝M＝サビツキー・B＝C＝クリャチコ共著『金属とはなにか』（木下高一郎訳・講談社・一九七五年）は、帝政ロシアの軍用外套のボタンが錫だったため、極寒の倉庫で数日のうちに灰色の粉に変化した例のほか、スコット隊にふれて次のように書いた。

スコットの探険隊が南極に向かって苦闘していた。隊員達は厳しい寒さにもまた暴風にもひるみはしなかった。勇敢な彼らが死んだ原因の一つは錫（すず）――それは石油の容器をハンダ付けしていた通常の白いすずにあった。その白いすずは南極の寒気の中で灰色のぼろぼろした粉となり、容器から石油がすっかり流れ出してしまった。探険隊はこのため光と熱の源を失い、そして彼らに死が訪れた。

この出来事は全く自然の法則によるものである。つまり白色すずが温度の影響により変態――他の結晶形に構造替え――したのである。ダイヤモンドもすすも同じ炭素であるが、異なる点はその結晶構造の対称性だけであることは諸君もご存知であろう。

262頁＊　デポまであと二〇キロ　ここにいたるまで二週間ほどの行程を、スコットの日記から中田修氏が整理したところ、次のようになった（カッコ内は中田氏の補足）。

三月五日　九・五海里進む。フーパー山デポまであと二七海里（五〇キロ）となる。
六日　六・五海里（一二キロ）進む。
七日午前　四海里（七キロ余）進む。デポまであと一六海里となる。午後　行程不明。
八日午前　四・五海里（八キロ余）進む。デポまであと八・五海里となる。
九日　フーパー山デポ着（80度32分。79度28分半の一トンデポまであと六三海里余）。
（ここまでは五日で三六・五海里進んでいますから、一日平均七・三海里＝一三・五キロとなります。）
一〇日　三〇分だけ行進、行程不明。
一一日　六・九海里（約一三キロ）進む。夜、一トンデポまであと五五海里となるはず。
一二日午前　四海里（七・四キロ）進む。午後三海里進めるとして、一トンデポまであと四七海里となるはず。
一三日　午後だけ行進。五海里四分ノ一（九・七キロ）。
一四日　行進、行程不明。
一五日　行進、行程不明。オーツがテントから去る（一トンデポまであと推定で約二九海里）。
（三月一〇日から一五日までは〈三〇分だけの日と午後だけの日も一日として〉六日で約三五海里進んでいて、一日平均五・八三海里＝一〇・七八キロとなります。五日から一五日まで通してみますと、一一日で七一・五海里進んでいますから、一日平均六・五海里（一二キロ）になります。)
一六日　停滞。
一七日　行進、行程不明。昼食時に一トンデポまであと往路の二日行程（二六・五海里）となった。（南緯79度55分あたりになる。）ここにオーツの寝袋その他を置いた。
一八日　行進、昼食時に一トンデポまであと二一海里となった。
一九日　行進、昼食時に―→一トンデポまであと一五・五海里となった。
夜、―→一トンデポまであと一一海里（二〇キロ）となった（最終キャンプ）。
（本多註：この最後の四日間の行進は一八海里で、一日平均四・五海里＝八・三キロとなる。停滞の一日を除くと一日平均六海里＝一一キロ。）

〈XIII〉二度目の春
271頁＊　三人の死体　このときの三人の相対的位置は原書をみても確定できないが、「左」「右」は入り口から見てのもので、スコットはウイルソンと同じく入り口に頭を向けていたと考えられる。
〈XIV〉アムンセンの遭難
289頁＊　ノルゲ　ノルヱー語で「ノルヱー」のこと。
290頁＊　加納一郎（一八九八～一九七七）くわしい年譜は、教育社『加納一郎著作集』第四巻に出ている。また著作集刊行のいきさつはその第四巻の解説にある。

解説

山口 周

本書は、一九一〇年に、ノルウェイの探検家ロアール・アムンセンとイギリスの軍人ロバート・スコットとのあいだで争われた南極点到達レースに関するドキュメントです。結果は皆さんもご存知の通り、アムンセン隊が、大きなトラブルに遭遇することもなく、隊員が後になって「あれほど楽しい探検行はなかった」と述懐するほどスムーズに南極点に到達して帰還したのに対して、スコット隊はありとあらゆるトラブルに見舞われた挙句、最後は犬を載せた数百キロの重さのソリを猛吹雪のなか人が引いていくという信じ難い状況に陥り、隊長であるスコット以下全員死亡するという悲惨な結果に終わっています。つまり、このレースは、アムンセンの「圧倒的大差での勝利」となったわけですが、では、この「圧倒的大差」が生まれた原因はどこにあったのでしょうか？

本書はアムンセン隊とスコット隊の行動を逐一同時進行形式で比較しながら記述していくのでさまざまな角度での検証が可能ですから、ぜひ本文を読み進めながら読者自身で分析をしてほしいと思いますが、ご参考までに、ここでは次の二点から私の所見を述べておきたいと思います。

1：マネジメントの側面＝権力格差の大小

2：パーソナリティの側面＝内発的動機の有無

まず「マネジメントの側面＝権力格差の大小」という点について述べたいと思います。アムンセンとスコットのリーダーシップの違いがもっとも顕著に現れていると思われるのが、彼らのチームにおける「権力の格差」です。「権力の格差」とは、リーダーとメンバーとのあいだにおける権力の差で、もともとはオランダの組織心理学者、ヘールト・ホフステードが提唱した概念です。ホフステードはＩＢＭからの依頼に基づいて、全世界のＩＢＭオフィスにおける上司と部下の権力の格差を調査し、それを「権力格差指標＝Power Distance Index」として数値化しました。

ホフステードによれば、権力格差の大きいチームでは、リーダーの命令は絶対であり、メンバーがリーダーの指示に反論するなどということはあり得ない、という空気が支配することになります。一方で、権力格差の小さいチームでは、組織はよりフラットになり、リーダーとメンバーが相互に意見をぶつけ合いながら集合的に意思決定されることが歓迎されるようになります。ホフステードのスコアリングによると、アムンセンの出身国であるノルウェイは権力格差の非常に小さい国となっていますが[1]、それは本書に登場するさまざまなエピソードからも感じることができます。

アムンセンは幼少期から探検家を志し、極地探検に関する膨大なスキルや知識を習得している「プロの探検家」でした。しかし、そのアムンセンは、ことあるごとに隊員たちに意見や提案を求めています。これはライバルであるスコットと非常に対照的な点と言えます。例えば、アムンセンは、いわゆる「雪目」を防ぐためのサングラスのデザインについて、どのようなサングラスが良いか、隊員たちからアイデアを募集し、一番良いアイデアを出した人に葉巻をプレゼントするというコンテストを南極でのキャンプ中にやっています。

おそらく、その時点でアムンセンには、長い雪国での体験から、どのようなサングラスが良いかについて、自分なりの確固とした考え方があったはずです。しかし、そのアイデアはおくびにも出さずに、まずは隊員からアイデアを募っているのです。こういうところに、隊員一人ひとりの意見を尊重し、結果としてチームの参画意識、自主性、モチベーションを高く保とうとしたアムンセンのチーム運営に関する姿勢が窺えます。

一方のスコットは、チーム運営に厳格な海軍の階級制度を取り入れていました。考えるのは隊長であるスコットで、メンバーは忠実に従順にスコットの命令に従うことを求められたのです。結果、自主性も参画意識も持てないメンバーはモチベーションを低下させ、ケアレスミスを連発することになります。スコット隊の隊員はありとあらゆる状況で小さなケアレスミスを積み重ね、結局はそれらのミスが全滅に至る決定的な状況を招いてしまいます。

隊員が死亡していく順番にそれがよく現れています。記録を見返してみると、隊員が死んでいった順は、エバンス、オーツ、バワーズ、ウィルソン、そしてスコットとなっており、つまりは階級の低いものから順に死んでいます。隊長はその責任感から、最後まで頑張ったという能天気な見方もあるかもしれませんが、私は、スコット隊の厳格な階級制度が、階級の低いメンバーに心理的・肉体的なストレスを与え、死を早めたのだ

1　ノルウェイの権力格差指標は18。スコットの出身国であるイギリスは35となっている。ちなみに日本のスコアは54。儒教の影響圏にある国は全般に権力格差が大きい。

ろうと考えています。

しかし、権力格差の大小はどのようにしてチームのパフォーマンスに影響を与えるのでしょうか？　ここで示唆深い研究結果を共有しておきましょう。南カリフォルニア大学の組織心理学研究者、エリック・アニシックは、過去五〇年分、五六カ国のエヴェレスト登山隊（計三万六二五人）のデータを集め、登山隊の出身国の権力格差と遭難事故の発生率について調査しました。この結果から、権力格差の大きい文化圏の登山隊の方が、他方の登山隊と比較して、死者が出る確率が著しく高いということが明らかになりました。[2]ちなみに単独登山の場合、死亡率と権力格差にはなんの相関も見られません。これはつまり、死亡率の差は、国別の登山技術や体格ではなく、純粋に組織的要因によって生まれているということです。

権力格差の大きいチームでは、地位の低いメンバーが発言を封じられることで、彼らの発見、あるいは懸念、あるいはアイデアが共有されず、結果的に意思決定の品質が悪化するのです。これは、想定外のことが次々に起き、リーダーの認知能力・知識・経験が限界に晒されるような環境下では致命的な状況と言えます。

一方で、アニシックの研究で非常に興味深いのは、想定外のことが起きないような安定的な状況においては、権力格差の大きさは、むしろチームのパフォーマンスを高めることがわかっています。そのような状況では、リーダーの意思決定が上意下達され、一糸乱れず実施される組織の方がパフォーマンスが高いのです。これはつまり、リーダーの認知能力や知識・経験の範囲内で対処が可能な状況においては、権力格差の大きさはチームのパフォーマンスにプラスの影響を与えるということです。

よく「理想的なリーダーシップ」といったことが語られますが、そんなものは存在しません。リーダーシップというのは極めて文脈依存的なもので、どのような状況・環境においても有効に機能するリーダーシップなどというものはあり得ないのです。

アムンセンとスコットの対比に関して言えば、アムンセンによる、権力格差の小さいリーダーシップは、南極点到達という、極めて不確実性の高い営みにおいては有効に機能し、一方のスコットによる、権力格差の大きいリーダーシップは、有効に機能しなかったわけですが、だからといってここから「どのような状況においても権力格差の小さいリーダーシップが有効なのだ」と断ずるのは暴論でしかありません。

この示唆を、現在を生きる私たちに当てはめてみればどのようになるでしょうか？

当時の南極は、前人未到の大地であり、そこがどのような場所であるかはよくわかっていませんでした。それはまさに、現在の我々にとっての「これからやってくるアフター

2　https://www.pnas.org/content/112/5/1338

コロナの世界」のようなものです。このような不確実性・不透明性の高い環境において有効なリーダーシップとはどのようなものか？　について考える題材を本書は与えてくれると思います。

次に「アムンセンとスコットの圧倒的大差を生み出した要因」についての二つ目の点、すなわち「パーソナリティの側面＝内発的動機の有無」について述べたいと思います。内発的動機というのは「好奇心や衝動等、内側から湧き出る感情によって喚起された動機」ということです。一方、対置概念となる外発的動機というのは「評価や賞罰等、外側から与えられた刺激によって喚起された動機」となります。言うまでもなく、本書の文脈で言えば内発的動機の持ち主がアムンセンであり、外発的動機の持ち主がスコットということになります。別の言葉で表現すればアムンセンは「夢中になる人」であるのに対して、スコットは「一生懸命頑張る人」ということになります。そして、これまでになされた数多くの動機に関する研究は「頑張る人は夢中になる人に勝てない」ということを示しています。本書は、この命題を詳細に説明する事例として非常に優れたものだと思います。

アムンセンは、同じノルウェイ出身の探検家フリチョフ・ナンセンによるグリーンランド横断に感動して、十六歳の時に探検家になることを決意しています。その後は、ありとあらゆる探検記を読み耽って成功・失敗の要因を分析する等、知識レベルでの研鑽を積み重ねる一方で、極地の寒さに体を慣らすために真冬に窓を開け放って寝たり、あるいは極地で必須となるスキーや犬ぞりの技術を身につけたりといった身体レベルでの研鑽を積み重ねており、人生のありとあらゆる活動を「極地探検家として成功する」という目的のために一分の隙もなくプログラムしていきます。

一方、スコットはもとから極地探検に興味を持っていた人物ではありません。スコットはもともと提督になることを夢見て海軍に入隊しています。おそらくは謹厳実直で非常に優秀な人物だったのでしょう、知り合いの有力者から「南極探検の隊長に最適の人物」と推挙され、おそらくは本人もその抜擢が海軍での出世のチャンスになると考えたと思いますが、最終的にこれを引き受けてアムンセンと争うことになります。

このくだりはさらりと読み過ごしてしまいそうな箇所ですが、私は非常に切ないものを感じるのです。というのも、スコットは、南極探検隊の隊長を引き受けて欲しいというオファーに対して、二日間これを預かったのちに、引き受ける旨の返事を出しています。この「二日間」という微妙な時間に、スコットという人物の優柔不断さがよく出ていると思います。元から極地探検のような営みへの志向性を持った人物であればその場で即答したことでしょう。

こういった抜擢人事は現在の企業においてもよく見られます。多くの企業において「未踏の領域へと踏み出すイノベーションプロジェクト」のリーダーは、それまで高い実績を出してきた謹厳実直で優秀な人材が抜擢されます。そして、これまでのイノベーションの歴史がことごとく明らかにしてくれているように、このようにして抜擢された「頑張る人」は、内発的動機に駆動された「夢中になる人」には結局、勝てないことが多いのです。

しかし、なぜ「頑張る人は夢中な人に勝てない」のでしょうか？　本書を読めばその答えはよくわかると思いますが、一言で言えば「夢中な人」と「頑張る人」とでは「累積の思考量が全く違う」のです。特にこのケースの二人を比較してみれば、アムンセンは一〇代からすでに極地探検家になるための知識の蓄積・実地の体験を積み重ねてきたのに対して、スコットは南極探検隊隊長のポジションを打診されてから、言うなれば付け焼き刃的に知識やスキルを詰め込んだに過ぎません。このように比較してみれば、二人の累積思考量の違いには天と地の開きがあったことでしょう。この思考量の違いが最終的には大きなパフォーマンスの違いになって現れるのです。

本書を読むと、アムンセンの用意周到さ、計画の緻密(ちみつ)さ、冷酷と表現すべき合理性に全ての読者は度肝を抜かれるはずです。それこそ一滴の水さえこぼす隙間もないほど、完璧に考え抜かれた計画を、だからこそいとも簡単そうに実施しています。対するスコットが、次々にやってくる想定外のトラブルに場当たり的に対応し、それをなんとか根性で乗り切りながらも、徐々に体力を消耗していく様とは対照的です。

アムンセン隊の拍子抜けするようなスムーズさは一見すれば「運の良さ」に思える一方で、スコット隊を襲う無数の困難なトラブルは一見すれば「運の悪さ」に思えるわけですが、それは表面的な理解でしかありません。極地で起こりうるありとあらゆるトラブルを事前に想定し、それらを未然に防ぐ入念な準備をしているからこそ、アムンセンの隊はトラブルらしいトラブルを起こさずにスムーズに極点に到達することができたのです。これは先述した「累積思考量の違い」が最も端的に現れた側面だと言えるでしょう。この洞察もまた、これから私たちが迎える不確実性・不透明性の高い社会における有効なリーダーシップのあり方について大きなヒントを与えてくれるものだと思います。

さてここまで、「マネジメントの側面=権力格差の大小」および「パーソナリティの側面=内発的動機の有無」という側面から、アムンセンとスコットの対決について、私なりの分析を試みてきましたが、皆さんはどのように思われたでしょうか？　繰り返しになりますが、本書は「組織とリーダーシップ」という問題を考えるに当たって、最も深い示唆を与えてくれる最高のケーススタディとなっていますから、ぜひ皆さんなりの学びを本書から汲み取っていただければと思います。

（やまぐち　しゅう／独立研究者）

本多勝一（ほんだ=かついち）
1931年、信州・伊那谷生まれ。
『朝日新聞』編集委員を経て『週刊金曜日』編集委員。
著書　『旅立ちの記』（「本多勝一集」第２巻=朝日新聞社）
『知床半島』（同第６巻=同）
『ソビエト最後の日々』（同第30巻=同）
『非常事態のイラクを行く』（貧困なる精神・Ｑ集=同）
『「真珠湾」からイラクまで』（同Ｓ集=同）
『石原慎太郎の人生』（同Ｎ集=同）
『大江健三郎の人生』（同Ｘ集=毎日新聞社）
『アメリカは変ったか？』（「週刊金曜日」別冊ブックレット=ＫＫ金曜日）
『「英語」という〝差別〟「原発」という〝犯罪〟』（貧困なる精神・24集=同）
『逝き去りし人々への想い』（講談社）
『本多勝一の戦争論』（新日本出版社）
『本多勝一の日本論』（同）
『本多勝一、探検的人生を語る』（同）

アムンセンとスコット　朝日文庫

2021年12月30日　第１刷発行

著　者　本多勝一（ほんだ かついち）

発行者　三宮博信
発行所　朝日新聞出版
〒104-8011　東京都中央区築地5-3-2
電話　03-5541-8832（編集）
03-5540-7793（販売）
印刷製本　大日本印刷株式会社

ISBN978-4-02-262058-3